행복 워크북

◇ 감사일기

◇ 감사편지

◇ 그림일기

◇ 낙관적 설명양식 연습

◇ 롤모델 보고서

◇ 사진일기

◇ 반복되는 실수나 실패 재발 방지 보고서

◇ 암송하고 있는 혹은 암송하고 싶은 명언·명구

◇ 의미일기

◇ 표현적 글쓰기

JN428255

학지사

감사일기 (___년 ___월 ___일)

- 검정 볼펜을 사용, 띄어쓰기 포함 600자 이상 자필로 작성(600자 이상 쓸 경우, 하나당 10점 부여)
- 분량 미달(600자 라인을 넘지 못하면)은 −3점
- 작성한 과제물은 스마트폰 카메라를 활용하여 사진을 찍거나, 스캔하여 이미지 파일을 생성할 것
- 모든 과제물을 수행한 후, 하나의 PDF파일로 만들어 지정된 기간 내에 교수자의 이메일로 제출할 것(원본은 각자 보관)
  : 과제물은 반드시 하나의 PDF파일을 만들어서 보내야 하며, 개별적인 그림 파일을 보내지 말 것

이름(성함)		학과(학부)		학년/학기	/	학번	

감사는 인간을 건강하게 만드는 마음의 습관입니다. 아래 주제 혹은 개인적인 주제를 하나 잡아 감사일기를 써 보세요.

- 어떤 경험이 이루어지는 당시 혹은 그 사건이 일어날 당시에는 별다른 느낌이나 생각이 없었지만, 지금 와서 생각해 보니 진정 감사할 만한 일이었다고 느껴지는 것에 대해
- 당연하다고 여겼던 가족, 친구, 친척, 이웃, 지인, 모르는 사람의 호의가 사실 당연한 것이 아니었음을 깨달아 감사함에 대해
- 나에게 마땅히 주어져야 하는 자격이라고 생각했던 것들인데, 그런 것이 아니었음을 깨달아 감사함에 대해
- 나를 불쾌하게 하고 힘들게 하던 어떤 것이 나를 단련하고, 훈련시키고 다듬어 가는 과정이었음을 깨달아 감사함에 대해

30자
60자
90자
120자
150자
180자
210자
240자
270자
300자
330자
360자
390자
420자
450자
480자
510자
540자
570자
600자
630자
660자
690자
720자
750자
780자
810자
840자
870자

감사일기 (____년 ____월 ____일)

- 검정 볼펜을 사용, 띄어쓰기 포함 600자 이상 자필로 작성(600자 이상 쓸 경우, 하나당 10점 부여)
- 분량 미달(600자 라인을 넘지 못하면)은 −3점
- 작성한 과제물은 스마트폰 카메라를 활용하여 사진을 찍거나, 스캔하여 이미지 파일을 생성할 것
- 모든 과제물을 수행한 후, 하나의 PDF파일로 만들어 지정된 기간 내에 교수자의 이메일로 제출할 것(원본은 각자 보관)
  : 과제물은 반드시 하나의 PDF파일을 만들어서 보내야 하며, 개별적인 그림 파일을 보내지 말 것

이름(성함)		학과(학부)		학년/학기	/	학번	

감사는 인간을 건강하게 만드는 마음의 습관입니다. 아래 주제 혹은 개인적인 주제를 하나 잡아 감사일기를 써 보세요.

- 어떤 경험이 이루어지는 당시 혹은 그 사건이 일어날 당시에는 별다른 느낌이나 생각이 없었지만, 지금 와서 생각해 보니 진정 감사할 만한 일이었다고 느껴지는 것에 대해
- 당연하다고 여겼던 가족, 친구, 친척, 이웃, 지인, 모르는 사람의 호의가 사실 당연한 것이 아니었음을 깨달아 감사함에 대해
- 나에게 마땅히 주어져야 하는 자격이라고 생각했던 것들인데, 그런 것이 아니었음을 깨달아 감사함에 대해
- 나를 불쾌하게 하고 힘들게 하던 어떤 것이 나를 단련하고, 훈련시키고 다듬어 가는 과정이었음을 깨달아 감사함에 대해

감사일기 (___년 ___월 ___일)

- 검정 볼펜을 사용, 띄어쓰기 포함 600자 이상 자필로 작성(600자 이상 쓸 경우, 하나당 10점 부여)
- 분량 미달(600자 라인을 넘지 못하면)은 −3점
- 작성한 과제물은 스마트폰 카메라를 활용하여 사진을 찍거나, 스캔하여 이미지 파일을 생성할 것
- 모든 과제물을 수행한 후, 하나의 PDF파일로 만들어 지정된 기간 내에 교수자의 이메일로 제출할 것(원본은 각자 보관)
  : 과제물은 반드시 하나의 PDF파일을 만들어서 보내야 하며, 개별적인 그림 파일을 보내지 말 것

이름(성함)		학과(학부)		학년/학기	/	학번	

감사는 인간을 건강하게 만드는 마음의 습관입니다. 아래 주제 혹은 개인적인 주제를 하나 잡아 감사일기를 써 보세요.

- 어떤 경험이 이루어지는 당시 혹은 그 사건이 일어날 당시에는 별다른 느낌이나 생각이 없었지만, 지금 와서 생각해 보니 진정 감사할 만한 일이었다고 느껴지는 것에 대해
- 당연하다고 여겼던 가족, 친구, 친척, 이웃, 지인, 모르는 사람의 호의가 사실 당연한 것이 아니었음을 깨달아 감사함에 대해
- 나에게 마땅히 주어져야 하는 자격이라고 생각했던 것들인데, 그런 것이 아니었음을 깨달아 감사함에 대해
- 나를 불쾌하게 하고 힘들게 하던 어떤 것이 나를 단련하고, 훈련시키고 다듬어 가는 과정이었음을 깨달아 감사함에 대해

30자
60자
90자
120자
150자
180자
210자
240자
270자
300자
330자
360자
390자
420자
450자
480자
510자
540자
570자
600자
630자
660자
690자
720자
750자
780자
810자
840자
870자

감사일기 (____년 ___월 ___일)

- 검정 볼펜을 사용, 띄어쓰기 포함 600자 이상 자필로 작성(600자 이상 쓸 경우, 하나당 10점 부여)
- 분량 미달(600자 라인을 넘지 못하면)은 −3점
- 작성한 과제물은 스마트폰 카메라를 활용하여 사진을 찍거나, 스캔하여 이미지 파일을 생성할 것
- 모든 과제물을 수행한 후, 하나의 PDF파일로 만들어 지정된 기간 내에 교수자의 이메일로 제출할 것(원본은 각자 보관)
  : 과제물은 반드시 하나의 PDF파일을 만들어서 보내야 하며, 개별적인 그림 파일을 보내지 말 것

이름(성함)		학과(학부)		학년/학기	/	학번	

감사는 인간을 건강하게 만드는 마음의 습관입니다. 아래 주제 혹은 개인적인 주제를 하나 잡아 감사일기를 써 보세요.

- 어떤 경험이 이루어지는 당시 혹은 그 사건이 일어날 당시에는 별다른 느낌이나 생각이 없었지만, 지금 와서 생각해 보니 진정 감사할 만한 일이었다고 느껴지는 것에 대해
- 당연하다고 여겼던 가족, 친구, 친척, 이웃, 지인, 모르는 사람의 호의가 사실 당연한 것이 아니었음을 깨달아 감사함에 대해
- 나에게 마땅히 주어져야 하는 자격이라고 생각했던 것들인데, 그런 것이 아니었음을 깨달아 감사함에 대해
- 나를 불쾌하게 하고 힘들게 하던 어떤 것이 나를 단련하고, 훈련시키고 다듬어 가는 과정이었음을 깨달아 감사함에 대해

30자
60자
90자
120자
150자
180자
210자
240자
270자
300자
330자
360자
390자
420자
450자
480자
510자
540자
570자
600자
630자
660자
690자
720자
750자
780자
810자
840자
870자

감사편지 (____년 ___월 ___일)

- 검정 볼펜을 사용, 띄어쓰기 포함 600자 이상 자필로 작성(600자 이상 쓸 경우, 하나당 10점 부여)
- 분량 미달(600자 라인을 넘지 못하면)은 −3점
- 작성한 과제물은 스마트폰 카메라를 활용하여 사진을 찍거나, 스캔하여 이미지 파일을 생성할 것
- 모든 과제물을 수행한 후, 하나의 PDF파일로 만들어 지정된 기간 내에 교수자의 이메일로 제출할 것(원본은 각자 보관)

  : 과제물은 반드시 하나의 PDF파일을 만들어서 보내야 하며, 개별적인 그림 파일을 보내지 말 것

이름(성함)		학과(학부)		학년/학기	/	학번	

감사편지는 쓰는 사람의 마음과 신체를 건강하게 만들뿐 아니라, 받는 사람의 마음과 신체도 건강하게 합니다. 감사를 표현하는 것은 감사를 표현하는 사람과 표현을 받는 사람 모두에게 이타적 행동을 불러일으킵니다. 감사를 표현하는 사람이 많아질수록 세상은 따뜻해지지 않을까요? 미처 감사를 표현하지 못했던 사람에게 감사를 표현해 보세요. 부모님, 선생님, 친구, 선배, 후배, 동료 누구라도 괜찮습니다. 과제물로 수행하고 종료하는 것도 도움이 될 것이지만, 되도록(가능하면) 진짜 편지지에 편지를 써서 전달해 보세요. 감사가 감사를 낳고, 그 감사가 또 다른 감사를 낳는 마법을 경험하게 되실 겁니다.

30자
60자
90자
120자
150자
180자
210자
240자
270자
300자
330자
360자
390자
420자
450자
480자
510자
540자
570자
600자
630자
660자
690자
720자
750자
780자
810자
840자
870자
900자

감사편지 (___년 ___월 ___일)

- 검정 볼펜을 사용, 띄어쓰기 포함 600자 이상 자필로 작성(600자 이상 쓸 경우, 하나당 10점 부여)
- 분량 미달(600자 라인을 넘지 못하면)은 −3점
- 작성한 과제물은 스마트폰 카메라를 활용하여 사진을 찍거나, 스캔하여 이미지 파일을 생성할 것
- 모든 과제물을 수행한 후, 하나의 PDF파일로 만들어 지정된 기간 내에 교수자의 이메일로 제출할 것(원본은 각자 보관)
  : 과제물은 반드시 하나의 PDF파일을 만들어서 보내야 하며, 개별적인 그림 파일을 보내지 말 것

이름(성함)		학과(학부)		학년/학기	/	학번	

감사편지는 쓰는 사람의 마음과 신체를 건강하게 만들뿐 아니라, 받는 사람의 마음과 신체도 건강하게 합니다. 감사를 표현하는 것은 감사를 표현하는 사람과 표현을 받는 사람 모두에게 이타적 행동을 불러일으킵니다. 감사를 표현하는 사람이 많아질수록 세상은 따뜻해지지 않을까요? 미처 감사를 표현하지 못했던 사람에게 감사를 표현해 보세요. 부모님, 선생님, 친구, 선배, 후배, 동료 누구라도 괜찮습니다. 과제물로 수행하고 종료하는 것도 도움이 될 것이지만, 되도록(가능하면) 진짜 편지지에 편지를 써서 전달해 보세요. 감사가 감사를 낳고, 그 감사가 또 다른 감사를 낳는 마법을 경험하게 되실 겁니다.

30자
60자
90자
120자
150자
180자
210자
240자
270자
300자
330자
360자
390자
420자
450자
480자
510자
540자
570자
600자
630자
660자
690자
720자
750자
780자
810자
840자
870자
900자

감사편지 (___ 년 ___ 월 ___ 일)

- 검정 볼펜을 사용, 띄어쓰기 포함 600자 이상 자필로 작성(600자 이상 쓸 경우, 하나당 10점 부여)
- 분량 미달(600자 라인을 넘지 못하면)은 −3점
- 작성한 과제물은 스마트폰 카메라를 활용하여 사진을 찍거나, 스캔하여 이미지 파일을 생성할 것
- 모든 과제물을 수행한 후, 하나의 PDF파일로 만들어 지정된 기간 내에 교수자의 이메일로 제출할 것(원본은 각자 보관)

  : 과제물은 반드시 하나의 PDF파일을 만들어서 보내야 하며, 개별적인 그림 파일을 보내지 말 것

이름(성함)		학과(학부)		학년/학기	/	학번	

감사편지는 쓰는 사람의 마음과 신체를 건강하게 만들뿐 아니라, 받는 사람의 마음과 신체도 건강하게 합니다. 감사를 표현하는 것은 감사를 표현하는 사람과 표현을 받는 사람 모두에게 이타적 행동을 불러일으킵니다. 감사를 표현하는 사람이 많아질수록 세상은 따뜻해지지 않을까요? 미처 감사를 표현하지 못했던 사람에게 감사를 표현해 보세요. 부모님, 선생님, 친구, 선배, 후배, 동료 누구라도 괜찮습니다. 과제물로 수행하고 종료하는 것도 도움이 될 것이지만, 되도록(가능하면) 진짜 편지지에 편지를 써서 전달해 보세요. 감사가 감사를 낳고, 그 감사가 또 다른 감사를 낳는 마법을 경험하게 되실 겁니다.

30자
60자
90자
120자
150자
180자
210자
240자
270자
300자
330자
360자
390자
420자
450자
480자
510자
540자
570자
600자
630자
660자
690자
720자
750자
780자
810자
840자
870자
900자

감사편지 (____년 ___월 ___일)

- 검정 볼펜을 사용, 띄어쓰기 포함 600자 이상 자필로 작성(600자 이상 쓸 경우, 하나당 10점 부여)
- 분량 미달(600자 라인을 넘지 못하면)은 −3점
- 작성한 과제물은 스마트폰 카메라를 활용하여 사진을 찍거나, 스캔하여 이미지 파일을 생성할 것
- 모든 과제물을 수행한 후, 하나의 PDF파일로 만들어 지정된 기간 내에 교수자의 이메일로 제출할 것(원본은 각자 보관)
  : 과제물은 반드시 하나의 PDF파일을 만들어서 보내야 하며, 개별적인 그림 파일을 보내지 말 것

이름(성함)		학과(학부)		학년/학기	/	학번	

감사편지는 쓰는 사람의 마음과 신체를 건강하게 만들뿐 아니라, 받는 사람의 마음과 신체도 건강하게 합니다. 감사를 표현하는 것은 감사를 표현하는 사람과 표현을 받는 사람 모두에게 이타적 행동을 불러일으킵니다. 감사를 표현하는 사람이 많아질수록 세상은 따뜻해지지 않을까요? 미처 감사를 표현하지 못했던 사람에게 감사를 표현해 보세요. 부모님, 선생님, 친구, 선배, 후배, 동료 누구라도 괜찮습니다. 과제물로 수행하고 종료하는 것도 도움이 될 것이지만, 되도록(가능하면) 진짜 편지지에 편지를 써서 전달해 보세요. 감사가 감사를 낳고, 그 감사가 또 다른 감사를 낳는 마법을 경험하게 되실 겁니다.

30자
60자
90자
120자
150자
180자
210자
240자
270자
300자
330자
360자
390자
420자
450자
480자
510자
540자
570자
600자
630자
660자
690자
720자
750자
780자
810자
840자
870자
900자

그림일기 (____년 ___월 ___일)

- 그림은 연필이나 볼펜을 사용(연필이나 볼펜의 색은 여러 가지를 써도 괜찮음, 물감을 사용하지 말 것) (그림을 그리면 3점 부여)
- 그림 설명은 검정 볼펜을 사용, 띄어쓰기 포함 90자 이상 자필로 작성(90자 이상 쓸 경우, 2점 부여), 분량 미달은 −1점
- 일기 부분은 검정 볼펜을 사용, 띄어쓰기 포함 420자 이상 자필로 작성(420자 이상 쓸 경우, 5점 부여), 분량 미달은 −2점
- 작성한 과제물은 스마트폰 카메라를 활용하여 사진을 찍거나, 스캔하여 이미지 파일을 생성할 것
- 모든 과제물을 수행한 후, 하나의 PDF파일로 만들어 지정된 기간 내에 교수자의 이메일로 제출할 것(원본은 각자 보관)
  : 과제물은 반드시 하나의 PDF파일을 만들어서 보내야 하며, 개별적인 그림 파일을 보내지 말 것

이름(성함)		학과(학부)		학년/학기	/	학번	

속상한 일이 있나요? 우울한 일이 있나요? 의기소침해지고, 짜증나고 낙담되는 일이 있나요? 여러분의 마음과 상황을 그림으로 표현해 보세요. 걱정과 근심, 두려움도 마찬가지입니다. 그림으로 표현하려고 해 보세요. 전지전능한 신의 입장에서 그 상황을 객관적으로 바라보는 그림, 마음에만 담고 있었던 상상과 예측에 대한 그림, 사람에 대한 것, 동물에 대한 것, 사물에 대한 것, 풍경화, 정물화, 인물화, 추상화, 나뭇잎 하나, 꽃 한 송이, 곤충, 자기 자신 혹은 가족 등 어떤 것도 괜찮습니다. 4컷 만화 형식도 좋고요. 너무 잘 그리려고 할 필요는 없습니다. 물감으로 색칠할 필요도 없고요. 그저 연필이나 볼펜으로 스케치하듯이 천천히 그려 보세요. *주의할 점: 연필이나 볼펜 끝에 힘을 줘서 종이가 찢어질 듯이 뭔가를 그리거나, 날카로운 선들의 자국이 나게 그리지는 마세요. 이러한 행동은 정신 건강에 별로 도움이 되지 않습니다. 천천히 차분하게 힘을 빼고 그려 보시기 바랍니다. 천천히 그림을 그리면서 어떤 일을 시각화하고, 그것을 설명할 때 인간은 해당 사건을 더 객관적으로 볼 수 있게 되면서 마음도 진정되고, 의미도 깨달을 수 있답니다. 우리는 동굴벽화 그리던 조상들의 후예라는 것을 잊지 마세요.

그림

그림 설명

30자
60자
90자
120자

일기

30자
60자
90자
120자
150자
180자
210자
240자
270자
300자
330자
360자
390자
420자
450자
480자

그림일기 (___년 ___월 ___일)

- 그림은 연필이나 볼펜을 사용(연필이나 볼펜의 색은 여러 가지를 써도 괜찮음, 물감을 사용하지 말 것) (그림을 그리면 3점 부여)
- 그림 설명은 검정 볼펜을 사용, 띄어쓰기 포함 90자 이상 자필로 작성(90자 이상 쓸 경우, 2점 부여), 분량 미달은 −1점
- 일기 부분은 검정 볼펜을 사용, 띄어쓰기 포함 420자 이상 자필로 작성(420자 이상 쓸 경우, 5점 부여), 분량 미달은 −2점
- 작성한 과제물은 스마트폰 카메라를 활용하여 사진을 찍거나, 스캔하여 이미지 파일을 생성할 것
- 모든 과제물을 수행한 후, 하나의 PDF파일로 만들어 지정된 기간 내에 교수자의 이메일로 제출할 것(원본은 각자 보관)
  : 과제물은 반드시 하나의 PDF파일을 만들어서 보내야 하며, 개별적인 그림 파일을 보내지 말 것

이름(성함)		학과(학부)		학년/학기	/	학번	

속상한 일이 있나요? 우울한 일이 있나요? 의기소침해지고, 짜증나고 낙담되는 일이 있나요? 여러분의 마음과 상황을 그림으로 표현해 보세요. 걱정과 근심, 두려움도 마찬가지입니다. 그림으로 표현하려고 해 보세요. 전지전능한 신의 입장에서 그 상황을 객관적으로 바라보는 그림, 마음에만 담고 있었던 상상과 예측에 대한 그림, 사람에 대한 것, 동물에 대한 것, 사물에 대한 것, 풍경화, 정물화, 인물화, 추상화, 나뭇잎 하나, 꽃 한 송이, 곤충, 자기 자신 혹은 가족 등 어떤 것도 괜찮습니다. 4컷 만화 형식도 좋고요. 너무 잘 그리려고 할 필요는 없습니다. 물감으로 색칠할 필요도 없고요. 그저 연필이나 볼펜으로 스케치하듯이 천천히 그려 보세요. *주의할 점: 연필이나 볼펜 끝에 힘을 줘서 종이가 찢어질 듯이 뭔가를 그리거나, 날카로운 선들의 자국이 나게 그리지는 마세요. 이러한 행동은 정신 건강에 별로 도움이 되지 않습니다. 천천히 차분하게 힘을 빼고 그려 보시기 바랍니다. 천천히 그림을 그리면서 어떤 일을 시각화하고, 그것을 설명할 때 인간은 해당 사건을 더 객관적으로 볼 수 있게 되면서 마음도 진정되고, 의미도 깨달을 수 있답니다. 우리는 동굴벽화 그리던 조상들의 후예라는 것을 잊지 마세요.

그림

그림 설명

30자
60자
90자
120자

일기

30자
60자
90자
120자
150자
180자
210자
240자
270자
300자
330자
360자
390자
420자
450자
480자

그림일기 (____년 ____월 ____일)

- 그림은 연필이나 볼펜을 사용(연필이나 볼펜의 색은 여러 가지를 써도 괜찮음, 물감을 사용하지 말 것) (그림을 그리면 3점 부여)
- 그림 설명은 검정 볼펜을 사용, 띄어쓰기 포함 90자 이상 자필로 작성(90자 이상 쓸 경우, 2점 부여), 분량 미달은 −1점
- 일기 부분은 검정 볼펜을 사용, 띄어쓰기 포함 420자 이상 자필로 작성(420자 이상 쓸 경우, 5점 부여), 분량 미달은 −2점
- 작성한 과제물은 스마트폰 카메라를 활용하여 사진을 찍거나, 스캔하여 이미지 파일을 생성할 것
- 모든 과제물을 수행한 후, 하나의 PDF파일로 만들어 지정된 기간 내에 교수자의 이메일로 제출할 것(원본은 각자 보관)
  : 과제물은 반드시 하나의 PDF파일을 만들어서 보내야 하며, 개별적인 그림 파일을 보내지 말 것

이름(성함)		학과(학부)		학년/학기	/	학번	

속상한 일이 있나요? 우울한 일이 있나요? 의기소침해지고, 짜증나고 낙담되는 일이 있나요? 여러분의 마음과 상황을 그림으로 표현해 보세요. 걱정과 근심, 두려움도 마찬가지입니다. 그림으로 표현하려고 해 보세요. 전지전능한 신의 입장에서 그 상황을 객관적으로 바라보는 그림, 마음에만 담고 있었던 상상과 예측에 대한 그림, 사람에 대한 것, 동물에 대한 것, 사물에 대한 것, 풍경화, 정물화, 인물화, 추상화, 나뭇잎 하나, 꽃 한 송이, 곤충, 자기 자신 혹은 가족 등 어떤 것도 괜찮습니다. 4컷 만화 형식도 좋고요. 너무 잘 그리려고 할 필요는 없습니다. 물감으로 색칠할 필요도 없고요. 그저 연필이나 볼펜으로 스케치하듯이 천천히 그려 보세요. *주의할 점: 연필이나 볼펜 끝에 힘을 줘서 종이가 찢어질 듯이 뭔가를 그리거나, 날카로운 선들의 자국이 나게 그리지는 마세요. 이러한 행동은 정신 건강에 별로 도움이 되지 않습니다. 천천히 차분하게 힘을 빼고 그려 보시기 바랍니다. 천천히 그림을 그리면서 어떤 일을 시각화하고, 그것을 설명할 때 인간은 해당 사건을 더 객관적으로 볼 수 있게 되면서 마음도 진정되고, 의미도 깨달을 수 있답니다. 우리는 동굴벽화 그리던 조상들의 후예라는 것을 잊지 마세요.

그림

그림 설명

30자
60자
90자
120자

일기

30자
60자
90자
120자
150자
180자
210자
240자
270자
300자
330자
360자
390자
420자
450자
480자

그림일기 (____년 ___월 ___일)

- 그림은 연필이나 볼펜을 사용(연필이나 볼펜의 색은 여러 가지를 써도 괜찮음, 물감을 사용하지 말 것) (그림을 그리면 3점 부여)
- 그림 설명은 검정 볼펜을 사용, 띄어쓰기 포함 90자 이상 자필로 작성(90자 이상 쓸 경우, 2점 부여), 분량 미달은 −1점
- 일기 부분은 검정 볼펜을 사용, 띄어쓰기 포함 420자 이상 자필로 작성(420자 이상 쓸 경우, 5점 부여), 분량 미달은 −2점
- 작성한 과제물은 스마트폰 카메라를 활용하여 사진을 찍거나, 스캔하여 이미지 파일을 생성할 것
- 모든 과제물을 수행한 후, 하나의 PDF파일로 만들어 지정된 기간 내에 교수자의 이메일로 제출할 것(원본은 각자 보관)
  : 과제물은 반드시 하나의 PDF파일을 만들어서 보내야 하며, 개별적인 그림 파일을 보내지 말 것

이름(성함)		학과(학부)		학년/학기	/	학번	

속상한 일이 있나요? 우울한 일이 있나요? 의기소침해지고, 짜증나고 낙담되는 일이 있나요? 여러분의 마음과 상황을 그림으로 표현해 보세요. 걱정과 근심, 두려움도 마찬가지입니다. 그림으로 표현하려고 해 보세요. 전지전능한 신의 입장에서 그 상황을 객관적으로 바라보는 그림, 마음에만 담고 있었던 상상과 예측에 대한 그림, 사람에 대한 것, 동물에 대한 것, 사물에 대한 것, 풍경화, 정물화, 인물화, 추상화, 나뭇잎 하나, 꽃 한 송이, 곤충, 자기 자신 혹은 가족 등 어떤 것도 괜찮습니다. 4컷 만화 형식도 좋고요. 너무 잘 그리려고 할 필요는 없습니다. 물감으로 색칠할 필요도 없고요. 그저 연필이나 볼펜으로 스케치하듯이 천천히 그려 보세요. *주의할 점: 연필이나 볼펜 끝에 힘을 줘서 종이가 찢어질 듯이 뭔가를 그리거나, 날카로운 선들의 자국이 나게 그리지는 마세요. 이러한 행동은 정신 건강에 별로 도움이 되지 않습니다. 천천히 차분하게 힘을 빼고 그려 보시기 바랍니다. 천천히 그림을 그리면서 어떤 일을 시각화하고, 그것을 설명할 때 인간은 해당 사건을 더 객관적으로 볼 수 있게 되면서 마음도 진정되고, 의미도 깨달을 수 있답니다. 우리는 동굴벽화 그리던 조상들의 후예라는 것을 잊지 마세요.

그림

그림 설명

30자
60자
90자
120자

일기

30자
60자
90자
120자
150자
180자
210자
240자
270자
300자
330자
360자
390자
420자
450자
480자

낙관적 설명양식 연습 (____년 ____월 ____일)

- 다섯 가지 섹션 각각에 대해 검정 볼펜을 사용하여 띄어쓰기 포함 150자 이상 자필로 작성
- 150자 이상 쓸 경우, 한 섹션당 2점 부여, 분량 미달은 섹션당 −1점
- 작성한 과제물은 스마트폰 카메라를 활용하여 사진을 찍거나, 스캔하여 이미지 파일을 생성할 것
- 모든 과제물을 수행한 후, 하나의 PDF파일로 만들어 지정된 기간 내에 교수자의 이메일로 제출할 것(원본은 각자 보관)
  : 과제물은 반드시 하나의 PDF파일을 만들어서 보내야 하며, 개별적인 그림 파일을 보내지 말 것

이름(성함)		학과(학부)		학년/학기	/	학번	

부정적인 경험을 했다고 모든 사람이 불행해지는 것은 아닙니다. 부정적인 경험에도 불구하고, 탄력성 있게 다시 일어서고, 금방 회복하는 사람들이 있습니다. 이런 사람들의 비밀은 무엇일까요? 특별한 것은 아닙니다. 개인이 가진 마음의 자세 혹은 마음의 태도가 부정적인 경험이나 사건을 어떻게 해석하고 평가하는지에 따라 회복 탄력성이 좋은 사람과 나쁜 사람이 만들어지죠. 혹시 부정적인 일을 경험할 때, 다 끝장이라고, 더 해 봐야 소용없다고, 난 항상 이런 식이라고, 뭘 해도 되는 일이 없다고, 나는 불운을 몰고 다니는 저주받은 존재라고 규정하시나요? 그럼 이제 다시 말해 보세요. 이번에는 준비가 덜 되었던 것이라고, 시행착오이며 배운 점이 있었다고, 포기하지 않을 거라고, 재미있었다고, 오히려 더 오기가 생기고, 끈기가 생긴다고 말입니다. 이렇게 말할 준비가 되지 않았다고요. 걱정하지 마세요. 여러분을 위한 연습 프로그램이 아래에 있습니다. 아래 지시에 따라 글쓰기를 해 보세요. 꾸준히 연습하다 보면 어느덧 여러분의 비관적 생각 습관이 낙관적 생각 습관으로 바뀌어 있는 것을 확인하게 될 것입니다.

A: 부정적 사건(나에게 좌절과 고통, 걱정과 근심, 짜증, 슬픔, 우울, 불안을 안겨 주었던 사건에 대해 기술하세요.)

30자
60자
90자
120자
150자
180자

B: 왜곡된 신념(A에 적은 사건에 대해 여러분은 순간적으로 어떤 부정적인 느낌이 들었나요? 적어 봅시다.)

30자
60자
90자
120자
150자
180자

C: 잘못된 결론(B는 여러분에게 어떤 잘못된 결론에 도달하게 했나요? 다 포기하고 싶다? 때려치우자? 적어 봅시다.)

30자
60자
90자
120자
150자
180자

D: 반박(C에 반박을 가해 봅시다. 나쁜 일은 일시적이지 않을까요? 부분적이지 않을까요? 희망이 있지 않을까요? 의미가 있었지 않을까요? 배울 점이 있었지 않을까요? C를 반박할 수 있는 증거들을 써 보세요.)

30자
60자
90자
120자
150자
180자

E: 활력(D의 과정을 통해 새롭게 얻은 결론은 무엇이며, 새롭게 얻은 결론을 통해 다시 힘을 내게 되었다면, 어떤 측면에서 다시 힘을 얻게 되었는지 써 봅시다.)

30자
60자
90자
120자
150자
180자

낙관적 설명양식 연습 (____년 ___월 ___일)

- 다섯 가지 섹션 각각에 대해 검정 볼펜을 사용하여 띄어쓰기 포함 150자 이상 자필로 작성
- 150자 이상 쓸 경우, 한 섹션당 2점 부여, 분량 미달은 섹션당 −1점
- 작성한 과제물은 스마트폰 카메라를 활용하여 사진을 찍거나, 스캔하여 이미지 파일을 생성할 것
- 모든 과제물을 수행한 후, 하나의 PDF파일로 만들어 지정된 기간 내에 교수자의 이메일로 제출할 것(원본은 각자 보관)
  : 과제물은 반드시 하나의 PDF파일을 만들어서 보내야 하며, 개별적인 그림 파일을 보내지 말 것

이름(성함)		학과(학부)		학년/학기	/	학번	

부정적인 경험을 했다고 모든 사람이 불행해지는 것은 아닙니다. 부정적인 경험에도 불구하고, 탄력성 있게 다시 일어서고, 금방 회복하는 사람들이 있습니다. 이런 사람들의 비밀은 무엇일까요? 특별한 것은 아닙니다. 개인이 가진 마음의 자세 혹은 마음의 태도가 부정적인 경험이나 사건을 어떻게 해석하고 평가하는지에 따라 회복 탄력성이 좋은 사람과 나쁜 사람이 만들어지죠. 혹시 부정적인 일을 경험할 때, 다 끝장이라고, 더 해 봐야 소용없다고, 난 항상 이런 식이라고, 뭘 해도 되는 일이 없다고, 나는 불운을 몰고 다니는 저주받은 존재라고 규정하시나요? 그럼 이제 다시 말해 보세요. 이번에는 준비가 덜 되었던 것이라고, 시행착오이며 배운 점이 있었다고, 포기하지 않을 거라고, 재미있었다고, 오히려 더 오기가 생기고, 끈기가 생긴다고 말입니다. 이렇게 말할 준비가 되지 않았다고요. 걱정하지 마세요. 여러분을 위한 연습 프로그램이 아래에 있습니다. 아래 지시에 따라 글쓰기를 해 보세요. 꾸준히 연습하다 보면 어느덧 여러분의 비관적 생각 습관이 낙관적 생각 습관으로 바뀌어 있는 것을 확인하게 될 것입니다.

A: 부정적 사건(나에게 좌절과 고통, 걱정과 근심, 짜증, 슬픔, 우울, 불안을 안겨 주었던 사건에 대해 기술하세요.)

30자
60자
90자
120자
150자
180자

B: 왜곡된 신념(A에 적은 사건에 대해 여러분은 순간적으로 어떤 부정적인 느낌이 들었나요? 적어 봅시다.)

30자
60자
90자
120자
150자
180자

C: 잘못된 결론(B는 여러분에게 어떤 잘못된 결론에 도달하게 했나요? 다 포기하고 싶다? 때려치우자? 적어 봅시다.)

30자
60자
90자
120자
150자
180자

D: 반박(C에 반박을 가해 봅시다. 나쁜 일은 일시적이지 않을까요? 부분적이지 않을까요? 희망이 있지 않을까요? 의미가 있었지 않을까요? 배울 점이 있었지 않을까요? C를 반박할 수 있는 증거들을 써 보세요.)

30자
60자
90자
120자
150자
180자

E: 활력(D의 과정을 통해 새롭게 얻은 결론은 무엇이며, 새롭게 얻은 결론을 통해 다시 힘을 내게 되었다면, 어떤 측면에서 다시 힘을 얻게 되었는지 써 봅시다.)

30자
60자
90자
120자
150자
180자

낙관적 설명양식 연습 (____년 ____월 ____일)

- 다섯 가지 섹션 각각에 대해 검정 볼펜을 사용하여 띄어쓰기 포함 150자 이상 자필로 작성
- 150자 이상 쓸 경우, 한 섹션당 2점 부여, 분량 미달은 섹션당 −1점
- 작성한 과제물은 스마트폰 카메라를 활용하여 사진을 찍거나, 스캔하여 이미지 파일을 생성할 것
- 모든 과제물을 수행한 후, 하나의 PDF파일로 만들어 지정된 기간 내에 교수자의 이메일로 제출할 것(원본은 각자 보관)
  : 과제물은 반드시 하나의 PDF파일을 만들어서 보내야 하며, 개별적인 그림 파일을 보내지 말 것

이름(성함)		학과(학부)		학년/학기	/	학번	

부정적인 경험을 했다고 모든 사람이 불행해지는 것은 아닙니다. 부정적인 경험에도 불구하고, 탄력성 있게 다시 일어서고, 금방 회복하는 사람들이 있습니다. 이런 사람들의 비밀은 무엇일까요? 특별한 것은 아닙니다. 개인이 가진 마음의 자세 혹은 마음의 태도가 부정적인 경험이나 사건을 어떻게 해석하고 평가하는지에 따라 회복 탄력성이 좋은 사람과 나쁜 사람이 만들어지죠. 혹시 부정적인 일을 경험할 때, 다 끝장이라고, 더 해 봐야 소용없다고, 난 항상 이런 식이라고, 뭘 해도 되는 일이 없다고, 나는 불운을 몰고 다니는 저주받은 존재라고 규정하시나요? 그럼 이제 다시 말해 보세요. 이번에는 준비가 덜 되었던 것이라고, 시행착오이며 배운 점이 있었다고, 포기하지 않을 거라고, 재미있었다고, 오히려 더 오기가 생기고, 끈기가 생긴다고 말입니다. 이렇게 말할 준비가 되지 않았다고요. 걱정하지 마세요. 여러분을 위한 연습 프로그램이 아래에 있습니다. 아래 지시에 따라 글쓰기를 해 보세요. 꾸준히 연습하다 보면 어느덧 여러분의 비관적 생각 습관이 낙관적 생각 습관으로 바뀌어 있는 것을 확인하게 될 것입니다.

A: 부정적 사건(나에게 좌절과 고통, 걱정과 근심, 짜증, 슬픔, 우울, 불안을 안겨 주었던 사건에 대해 기술하세요.)

30자
60자
90자
120자
150자
180자

B: 왜곡된 신념(A에 적은 사건에 대해 여러분은 순간적으로 어떤 부정적인 느낌이 들었나요? 적어 봅시다.)

30자
60자
90자
120자
150자
180자

C: 잘못된 결론(B는 여러분에게 어떤 잘못된 결론에 도달하게 했나요? 다 포기하고 싶다? 때려치우자? 적어 봅시다.)

30자
60자
90자
120자
150자
180자

D: 반박(C에 반박을 가해 봅시다. 나쁜 일은 일시적이지 않을까요? 부분적이지 않을까요? 희망이 있지 않을까요? 의미가 있었지 않을까요? 배울 점이 있었지 않을까요? C를 반박할 수 있는 증거들을 써 보세요.)

30자
60자
90자
120자
150자
180자

E: 활력(D의 과정을 통해 새롭게 얻은 결론은 무엇이며, 새롭게 얻은 결론을 통해 다시 힘을 내게 되었다면, 어떤 측면에서 다시 힘을 얻게 되었는지 써 봅시다.)

30자
60자
90자
120자
150자
180자

낙관적 설명양식 연습 (___년 ___월 ___일)

- 다섯 가지 섹션 각각에 대해 검정 볼펜을 사용하여 띄어쓰기 포함 150자 이상 자필로 작성
- 150자 이상 쓸 경우, 한 섹션당 2점 부여, 분량 미달은 섹션당 −1점
- 작성한 과제물은 스마트폰 카메라를 활용하여 사진을 찍거나, 스캔하여 이미지 파일을 생성할 것
- 모든 과제물을 수행한 후, 하나의 PDF파일로 만들어 지정된 기간 내에 교수자의 이메일로 제출할 것(원본은 각자 보관)
  : 과제물은 반드시 하나의 PDF파일을 만들어서 보내야 하며, 개별적인 그림 파일을 보내지 말 것

이름(성함)		학과(학부)		학년/학기	/	학번	

부정적인 경험을 했다고 모든 사람이 불행해지는 것은 아닙니다. 부정적인 경험에도 불구하고, 탄력성 있게 다시 일어서고, 금방 회복하는 사람들이 있습니다. 이런 사람들의 비밀은 무엇일까요? 특별한 것은 아닙니다. 개인이 가진 마음의 자세 혹은 마음의 태도가 부정적인 경험이나 사건을 어떻게 해석하고 평가하는지에 따라 회복 탄력성이 좋은 사람과 나쁜 사람이 만들어지죠. 혹시 부정적인 일을 경험할 때, 다 끝장이라고, 더 해 봐야 소용없다고, 난 항상 이런 식이라고, 뭘 해도 되는 일이 없다고, 나는 불운을 몰고 다니는 저주받은 존재라고 규정하시나요? 그럼 이제 다시 말해 보세요. 이번에는 준비가 덜 되었던 것이라고, 시행착오이며 배운 점이 있었다고, 포기하지 않을 거라고, 재미있었다고, 오히려 더 오기가 생기고, 끈기가 생긴다고 말입니다. 이렇게 말할 준비가 되지 않았다고요. 걱정하지 마세요. 여러분을 위한 연습 프로그램이 아래에 있습니다. 아래 지시에 따라 글쓰기를 해 보세요. 꾸준히 연습하다 보면 어느덧 여러분의 비관적 생각 습관이 낙관적 생각 습관으로 바뀌어 있는 것을 확인하게 될 것입니다.

A: 부정적 사건(나에게 좌절과 고통, 걱정과 근심, 짜증, 슬픔, 우울, 불안을 안겨 주었던 사건에 대해 기술하세요.)

30자
60자
90자
120자
150자
180자

B: 왜곡된 신념(A에 적은 사건에 대해 여러분은 순간적으로 어떤 부정적인 느낌이 들었나요? 적어 봅시다.)

30자
60자
90자
120자
150자
180자

C: 잘못된 결론(B는 여러분에게 어떤 잘못된 결론에 도달하게 했나요? 다 포기하고 싶다? 때려치우자? 적어 봅시다.)

30자
60자
90자
120자
150자
180자

D: 반박(C에 반박을 가해 봅시다. 나쁜 일은 일시적이지 않을까요? 부분적이지 않을까요? 희망이 있지 않을까요? 의미가 있었지 않을까요? 배울 점이 있었지 않을까요? C를 반박할 수 있는 증거들을 써 보세요.)

30자
60자
90자
120자
150자
180자

E: 활력(D의 과정을 통해 새롭게 얻은 결론은 무엇이며, 새롭게 얻은 결론을 통해 다시 힘을 내게 되었다면, 어떤 측면에서 다시 힘을 얻게 되었는지 써 봅시다.)

30자
60자
90자
120자
150자
180자

롤모델 보고서 (____년 ____월 ____일)

- 검정 볼펜을 사용, 띄어쓰기 포함 600자 이상 자필로 작성(600자 이상 쓸 경우, 하나당 10점 부여)
- 분량 미달(600자 라인을 넘지 못하면)은 −3점
- 작성한 과제물은 스마트폰 카메라를 활용하여 사진을 찍거나, 스캔하여 이미지 파일을 생성할 것
- 모든 과제물을 수행한 후, 하나의 PDF파일로 만들어 지정된 기간 내에 교수자의 이메일로 제출할 것(원본은 각자 보관)
  : 과제물은 반드시 하나의 PDF파일을 만들어서 보내야 하며, 개별적인 그림 파일을 보내지 말 것

이름(성함)		학과(학부)		학년/학기	/	학번	

많은 사람이 다른 사람과 나를 비교하는 것에 시간을 낭비합니다. SNS를 통해 타인과 나를 비교하고, 연예인과 나를 비교하고, 유명 스포츠 선수와 나를 비교합니다. 안타깝게도 이러한 비교는 인간의 정신 건강에 도움이 되지 않습니다. 간혹 자신보다 못한 사람을 보면서 알 수 없는 희열을 느끼는 방식으로 비교하는 사람들도 있지만, 이것도 잠깐 기분 좋게 해 줄지 몰라도 장기적으로는 인간을 허무하게 만드는 건강치 못한 마음의 습관일 뿐입니다. 물론 절대로 비교하지 말라는 것은 아닙니다. 비교는 한 개인으로 하여금 자신의 현재 위치를 알 수 있게 하는 도구이기에 필요합니다. 그러나 매사 비교하고, 자신의 현 위치에 대해 오해할 수 있게 만드는 극단치들(유명 연예인, 스포츠 선수, 인플루언서 등)과 비교하는 것은 인간을 불행하게 만들 뿐입니다. 그럼 어떻게 해야 할까요? 건강하게 비교할 수 있는 방법은 없는 걸까요? 여기 롤모델과 비교하는 방법을 소개합니다. 여러분의 롤모델은 누구인가요? 역사적인 인물도 좋고, 동시대의 인물도 좋고, 소설이나 만화에 나오는 가상인물도 좋습니다. 롤모델을 하나 정하고, 그 롤모델과 여러분을 비교해 보세요. 그리고 그 롤모델처럼 되기 위해 어떤 노력을 해야 할지, 롤모델은 여러분의 나이 때에 어떤 노력을 했는지 살펴보시고, 계획을 세워 보세요. 이러한 비교야말로 인간의 정신과 신체를 건강하게 하는 비교입니다.

롤모델 보고서 (____년 ___월 ___일)

- 검정 볼펜을 사용, 띄어쓰기 포함 600자 이상 자필로 작성(600자 이상 쓸 경우, 하나당 10점 부여)
- 분량 미달(600자 라인을 넘지 못하면)은 −3점
- 작성한 과제물은 스마트폰 카메라를 활용하여 사진을 찍거나, 스캔하여 이미지 파일을 생성할 것
- 모든 과제물을 수행한 후, 하나의 PDF파일로 만들어 지정된 기간 내에 교수자의 이메일로 제출할 것(원본은 각자 보관)
  : 과제물은 반드시 하나의 PDF파일을 만들어서 보내야 하며, 개별적인 그림 파일을 보내지 말 것

이름(성함)		학과(학부)		학년/학기	/	학번	

많은 사람이 다른 사람과 나를 비교하는 것에 시간을 낭비합니다. SNS를 통해 타인과 나를 비교하고, 연예인과 나를 비교하고, 유명 스포츠 선수와 나를 비교합니다. 안타깝게도 이러한 비교는 인간의 정신 건강에 도움이 되지 않습니다. 간혹 자신보다 못한 사람을 보면서 알 수 없는 희열을 느끼는 방식으로 비교하는 사람들도 있지만, 이것도 잠깐 기분 좋게 해 줄지 몰라도 장기적으로는 인간을 허무하게 만드는 건강치 못한 마음의 습관일 뿐입니다. 물론 절대로 비교하지 말라는 것은 아닙니다. 비교는 한 개인으로 하여금 자신의 현재 위치를 알 수 있게 하는 도구이기에 필요합니다. 그러나 매사 비교하고, 자신의 현 위치에 대해 오해할 수 있게 만드는 극단치들(유명 연예인, 스포츠 선수, 인플루언서 등)과 비교하는 것은 인간을 불행하게 만들 뿐입니다. 그럼 어떻게 해야 할까요? 건강하게 비교할 수 있는 방법은 없는 걸까요? 여기 롤모델과 비교하는 방법을 소개합니다. 여러분의 롤모델은 누구인가요? 역사적인 인물도 좋고, 동시대의 인물도 좋고, 소설이나 만화에 나오는 가상인물도 좋습니다. 롤모델을 하나 정하고, 그 롤모델과 여러분을 비교해 보세요. 그리고 그 롤모델처럼 되기 위해 어떤 노력을 해야 할지, 롤모델은 여러분의 나이 때에 어떤 노력을 했는지 살펴보시고, 계획을 세워 보세요. 이러한 비교야말로 인간의 정신과 신체를 건강하게 하는 비교입니다.

30자
60자
90자
120자
150자
180자
210자
240자
270자
300자
330자
360자
390자
420자
450자
480자
510자
540자
570자
600자
630자
660자
690자
720자
750자
780자

롤모델 보고서 (___년 ___월 ___일)

- 검정 볼펜을 사용, 띄어쓰기 포함 600자 이상 자필로 작성(600자 이상 쓸 경우, 하나당 10점 부여)
- 분량 미달(600자 라인을 넘지 못하면)은 −3점
- 작성한 과제물은 스마트폰 카메라를 활용하여 사진을 찍거나, 스캔하여 이미지 파일을 생성할 것
- 모든 과제물을 수행한 후, 하나의 PDF파일로 만들어 지정된 기간 내에 교수자의 이메일로 제출할 것(원본은 각자 보관)
  : 과제물은 반드시 하나의 PDF파일을 만들어서 보내야 하며, 개별적인 그림 파일을 보내지 말 것

이름(성함)		학과(학부)		학년/학기	/	학번	

많은 사람이 다른 사람과 나를 비교하는 것에 시간을 낭비합니다. SNS를 통해 타인과 나를 비교하고, 연예인과 나를 비교하고, 유명 스포츠 선수와 나를 비교합니다. 안타깝게도 이러한 비교는 인간의 정신 건강에 도움이 되지 않습니다. 간혹 자신보다 못한 사람을 보면서 알 수 없는 희열을 느끼는 방식으로 비교하는 사람들도 있지만, 이것도 잠깐 기분 좋게 해 줄지 몰라도 장기적으로는 인간을 허무하게 만드는 건강치 못한 마음의 습관일 뿐입니다. 물론 절대로 비교하지 말라는 것은 아닙니다. 비교는 한 개인으로 하여금 자신의 현재 위치를 알 수 있게 하는 도구이기에 필요합니다. 그러나 매사 비교하고, 자신의 현 위치에 대해 오해할 수 있게 만드는 극단치들(유명 연예인, 스포츠 선수, 인플루언서 등)과 비교하는 것은 인간을 불행하게 만들 뿐입니다. 그럼 어떻게 해야 할까요? 건강하게 비교할 수 있는 방법은 없는 걸까요? 여기 롤모델과 비교하는 방법을 소개합니다. 여러분의 롤모델은 누구인가요? 역사적인 인물도 좋고, 동시대의 인물도 좋고, 소설이나 만화에 나오는 가상인물도 좋습니다. 롤모델을 하나 정하고, 그 롤모델과 여러분을 비교해 보세요. 그리고 그 롤모델처럼 되기 위해 어떤 노력을 해야 할지, 롤모델은 여러분의 나이 때에 어떤 노력을 했는지 살펴보시고, 계획을 세워 보세요. 이러한 비교야말로 인간의 정신과 신체를 건강하게 하는 비교입니다.

30자
60자
90자
120자
150자
180자
210자
240자
270자
300자
330자
360자
390자
420자
450자
480자
510자
540자
570자
600자
630자
660자
690자
720자
750자
780자

롤모델 보고서 (____년 ___월 ___일)

- 검정 볼펜을 사용, 띄어쓰기 포함 600자 이상 자필로 작성(600자 이상 쓸 경우, 하나당 10점 부여)
- 분량 미달(600자 라인을 넘지 못하면)은 −3점
- 작성한 과제물은 스마트폰 카메라를 활용하여 사진을 찍거나, 스캔하여 이미지 파일을 생성할 것
- 모든 과제물을 수행한 후, 하나의 PDF파일로 만들어 지정된 기간 내에 교수자의 이메일로 제출할 것(원본은 각자 보관)
  : 과제물은 반드시 하나의 PDF파일을 만들어서 보내야 하며, 개별적인 그림 파일을 보내지 말 것

이름(성함)		학과(학부)		학년/학기	/	학번	

많은 사람이 다른 사람과 나를 비교하는 것에 시간을 낭비합니다. SNS를 통해 타인과 나를 비교하고, 연예인과 나를 비교하고, 유명 스포츠 선수와 나를 비교합니다. 안타깝게도 이러한 비교는 인간의 정신 건강에 도움이 되지 않습니다. 간혹 자신보다 못한 사람을 보면서 알 수 없는 희열을 느끼는 방식으로 비교하는 사람들도 있지만, 이것도 잠깐 기분 좋게 해 줄지 몰라도 장기적으로는 인간을 허무하게 만드는 건강치 못한 마음의 습관일 뿐입니다. 물론 절대로 비교하지 말라는 것은 아닙니다. 비교는 한 개인으로 하여금 자신의 현재 위치를 알 수 있게 하는 도구이기에 필요합니다. 그러나 매사 비교하고, 자신의 현 위치에 대해 오해할 수 있게 만드는 극단치들(유명 연예인, 스포츠 선수, 인플루언서 등)과 비교하는 것은 인간을 불행하게 만들 뿐입니다. 그럼 어떻게 해야 할까요? 건강하게 비교할 수 있는 방법은 없는 걸까요? 여기 롤모델과 비교하는 방법을 소개합니다. 여러분의 롤모델은 누구인가요? 역사적인 인물도 좋고, 동시대의 인물도 좋고, 소설이나 만화에 나오는 가상인물도 좋습니다. 롤모델을 하나 정하고, 그 롤모델과 여러분을 비교해 보세요. 그리고 그 롤모델처럼 되기 위해 어떤 노력을 해야 할지, 롤모델은 여러분의 나이 때에 어떤 노력을 했는지 살펴보시고, 계획을 세워 보세요. 이러한 비교야말로 인간의 정신과 신체를 건강하게 하는 비교입니다.

30자
60자
90자
120자
150자
180자
210자
240자
270자
300자
330자
360자
390자
420자
450자
480자
510자
540자
570자
600자
630자
660자
690자
720자
750자
780자

사진일기 (____년 ___월 ___일)

- 사진을 적당한 크기로 인쇄하여 사진란에 붙이기. 컬러와 흑백 인쇄 모두 괜찮음. 여러 장을 붙여도 괜찮음. (사진을 첨부하면 3점 부여)
- 사진 설명은 검정 볼펜을 사용, 띄어쓰기 포함 90자 이상 자필로 작성(90자 이상 쓸 경우, 2점 부여), 분량 미달은 −1점
- 일기 부분은 검정 볼펜을 사용, 띄어쓰기 포함 420자 이상 자필로 작성(420자 이상 쓸 경우, 5점 부여), 분량 미달은 −2점
- 작성한 과제물은 스마트폰 카메라를 활용하여 사진을 찍거나, 스캔하여 이미지 파일을 생성할 것
- 모든 과제물을 수행한 후, 하나의 PDF파일로 만들어 지정된 기간 내에 교수자의 이메일로 제출할 것(원본은 각자 보관)
  : 과제물은 반드시 하나의 PDF파일을 만들어서 보내야 하며, 개별적인 그림 파일을 보내지 말 것

이름(성함)		학과(학부)		학년/학기	/	학번	

인간은 추억을 떠올릴 때 행복해집니다. 사진은 추억을 떠올리게 해 주는 최고의 도구 중 하나죠. 오래전 기억을 담은 사진첩을 열어 보세요. 스마트폰 앨범도 괜찮고, 인화하여 아날로그 앨범에 꽂아 놓은 것들도 좋습니다. 예전에 쓰던 스마트폰에 옮기지 않은 사진 자료가 있다면, 그것을 보는 것도 괜찮습니다. 어떤 매체를 통해서 사진을 보든 천천히 한 장씩 넘기면서 과거의 기억들을 되살려 보시고, 그 사진의 앞 장면과 뒷장면에 어떤 일들이 있었는지 떠올려 보세요. 사진을 찍었던 당시의 분위기, 나의 표정, 나와 같은 사진을 찍은 사람들의 표정, 사진을 찍은 배경, 사진의 프레임에 다 담기지 못한 사진 너머의 풍경 등도 떠올려 보세요. 이 과정에서 여러분도 모르게 입가에 미소가 번지는 것을 느끼실 수 있을 것입니다. 힘든 순간에 찍었던 사진도 지금 와서 보면 의미 있던 사건으로 떠올릴 수 있게 될 것입니다. 이런 것을 음미하기라고 해요. 그럼, 시작해 볼까요?

사진(아래 빈칸에 들어갈 만한 크기로 컬러 인쇄 혹은 흑백 인쇄하여 붙이기)

사진 설명

30자
60자
90자
120자

일기

30자
60자
90자
120자
150자
180자
210자
240자
270자
300자
330자
360자
390자
420자
450자
480자

사진일기 (___년 ___월 ___일)

- 사진을 적당한 크기로 인쇄하여 사진란에 붙이기. 컬러와 흑백 인쇄 모두 괜찮음. 여러 장을 붙여도 괜찮음. (사진을 첨부하면 3점 부여)
- 사진 설명은 검정 볼펜을 사용, 띄어쓰기 포함 90자 이상 자필로 작성(90자 이상 쓸 경우, 2점 부여), 분량 미달은 −1점
- 일기 부분은 검정 볼펜을 사용, 띄어쓰기 포함 420자 이상 자필로 작성(420자 이상 쓸 경우, 5점 부여), 분량 미달은 −2점
- 작성한 과제물은 스마트폰 카메라를 활용하여 사진을 찍거나, 스캔하여 이미지 파일을 생성할 것
- 모든 과제물을 수행한 후, 하나의 PDF파일로 만들어 지정된 기간 내에 교수자의 이메일로 제출할 것(원본은 각자 보관)
  : 과제물은 반드시 하나의 PDF파일을 만들어서 보내야 하며, 개별적인 그림 파일을 보내지 말 것

이름(성함)		학과(학부)		학년/학기	/	학번	

인간은 추억을 떠올릴 때 행복해집니다. 사진은 추억을 떠올리게 해 주는 최고의 도구 중 하나죠. 오래전 기억을 담은 사진첩을 열어 보세요. 스마트폰 앨범도 괜찮고, 인화하여 아날로그 앨범에 꽂아 놓은 것들도 좋습니다. 예전에 쓰던 스마트폰에 옮기지 않은 사진 자료가 있다면, 그것을 보는 것도 괜찮습니다. 어떤 매체를 통해서 사진을 보든 천천히 한 장씩 넘기면서 과거의 기억들을 되살려 보시고, 그 사진의 앞 장면과 뒷장면에 어떤 일들이 있었는지 떠올려 보세요. 사진을 찍었던 당시의 분위기, 나의 표정, 나와 같은 사진을 찍은 사람들의 표정, 사진을 찍은 배경, 사진의 프레임에 다 담기지 못한 사진 너머의 풍경 등도 떠올려 보세요. 이 과정에서 여러분도 모르게 입가에 미소가 번지는 것을 느끼실 수 있을 것입니다. 힘든 순간에 찍었던 사진도 지금 와서 보면 의미 있던 사건으로 떠올릴 수 있게 될 것입니다. 이런 것을 음미하기라고 해요. 그럼, 시작해 볼까요?

사진(아래 빈칸에 들어갈 만한 크기로 컬러 인쇄 혹은 흑백 인쇄하여 붙이기)

사진 설명

30자
60자
90자
120자

일기

30자
60자
90자
120자
150자
180자
210자
240자
270자
300자
330자
360자
390자
420자
450자
480자

사진일기 (___년 ___월 ___일)

- 사진을 적당한 크기로 인쇄하여 사진란에 붙이기. 컬러와 흑백 인쇄 모두 괜찮음. 여러 장을 붙여도 괜찮음. (사진을 첨부하면 3점 부여)
- 사진 설명은 검정 볼펜을 사용, 띄어쓰기 포함 90자 이상 자필로 작성(90자 이상 쓸 경우, 2점 부여), 분량 미달은 −1점
- 일기 부분은 검정 볼펜을 사용, 띄어쓰기 포함 420자 이상 자필로 작성(420자 이상 쓸 경우, 5점 부여), 분량 미달은 −2점
- 작성한 과제물은 스마트폰 카메라를 활용하여 사진을 찍거나, 스캔하여 이미지 파일을 생성할 것
- 모든 과제물을 수행한 후, 하나의 PDF파일로 만들어 지정된 기간 내에 교수자의 이메일로 제출할 것(원본은 각자 보관)
  : 과제물은 반드시 하나의 PDF파일을 만들어서 보내야 하며, 개별적인 그림 파일을 보내지 말 것

이름(성함)		학과(학부)		학년/학기	/	학번	

인간은 추억을 떠올릴 때 행복해집니다. 사진은 추억을 떠올리게 해 주는 최고의 도구 중 하나죠. 오래전 기억을 담은 사진첩을 열어 보세요. 스마트폰 앨범도 괜찮고, 인화하여 아날로그 앨범에 꽂아 놓은 것들도 좋습니다. 예전에 쓰던 스마트폰에 옮기지 않은 사진 자료가 있다면, 그것을 보는 것도 괜찮습니다. 어떤 매체를 통해서 사진을 보든 천천히 한 장씩 넘기면서 과거의 기억들을 되살려 보시고, 그 사진의 앞 장면과 뒷장면에 어떤 일들이 있었는지 떠올려 보세요. 사진을 찍었던 당시의 분위기, 나의 표정, 나와 같은 사진을 찍은 사람들의 표정, 사진을 찍은 배경, 사진의 프레임에 다 담기지 못한 사진 너머의 풍경 등도 떠올려 보세요. 이 과정에서 여러분도 모르게 입가에 미소가 번지는 것을 느끼실 수 있을 것입니다. 힘든 순간에 찍었던 사진도 지금 와서 보면 의미 있던 사건으로 떠올릴 수 있게 될 것입니다. 이런 것을 음미하기라고 해요. 그럼, 시작해 볼까요?

사진(아래 빈칸에 들어갈 만한 크기로 컬러 인쇄 혹은 흑백 인쇄하여 붙이기)

사진 설명

30자
60자
90자
120자

일기

30자
60자
90자
120자
150자
180자
210자
240자
270자
300자
330자
360자
390자
420자
450자
480자

사진일기 (____년 ____월 ____일)

- 사진을 적당한 크기로 인쇄하여 사진란에 붙이기. 컬러와 흑백 인쇄 모두 괜찮음. 여러 장을 붙여도 괜찮음. (사진을 첨부하면 3점 부여)
- 사진 설명은 검정 볼펜을 사용, 띄어쓰기 포함 90자 이상 자필로 작성(90자 이상 쓸 경우, 2점 부여), 분량 미달은 −1점
- 일기 부분은 검정 볼펜을 사용, 띄어쓰기 포함 420자 이상 자필로 작성(420자 이상 쓸 경우, 5점 부여), 분량 미달은 −2점
- 작성한 과제물은 스마트폰 카메라를 활용하여 사진을 찍거나, 스캔하여 이미지 파일을 생성할 것
- 모든 과제물을 수행한 후, 하나의 PDF파일로 만들어 지정된 기간 내에 교수자의 이메일로 제출할 것(원본은 각자 보관)
  : 과제물은 반드시 하나의 PDF파일을 만들어서 보내야 하며, 개별적인 그림 파일을 보내지 말 것

이름(성함)		학과(학부)		학년/학기	/	학번	

인간은 추억을 떠올릴 때 행복해집니다. 사진은 추억을 떠올리게 해 주는 최고의 도구 중 하나죠. 오래전 기억을 담은 사진첩을 열어 보세요. 스마트폰 앨범도 괜찮고, 인화하여 아날로그 앨범에 꽂아 놓은 것들도 좋습니다. 예전에 쓰던 스마트폰에 옮기지 않은 사진 자료가 있다면, 그것을 보는 것도 괜찮습니다. 어떤 매체를 통해서 사진을 보든 천천히 한 장씩 넘기면서 과거의 기억들을 되살려 보시고, 그 사진의 앞 장면과 뒷 장면에 어떤 일들이 있었는지 떠올려 보세요. 사진을 찍었던 당시의 분위기, 나의 표정, 나와 같은 사진을 찍은 사람들의 표정, 사진을 찍은 배경, 사진의 프레임에 다 담기지 못한 사진 너머의 풍경 등도 떠올려 보세요. 이 과정에서 여러분도 모르게 입가에 미소가 번지는 것을 느끼실 수 있을 것입니다. 힘든 순간에 찍었던 사진도 지금 와서 보면 의미 있던 사건으로 떠올릴 수 있게 될 것입니다. 이런 것을 음미하기라고 해요. 그럼, 시작해 볼까요?

사진(아래 빈칸에 들어갈 만한 크기로 컬러 인쇄 혹은 흑백 인쇄하여 붙이기)

사진 설명

30자
60자
90자
120자

일기

30자
60자
90자
120자
150자
180자
210자
240자
270자
300자
330자
360자
390자
420자
450자
480자

반복되는 실수나 실패 재발 방지 보고서 (___년 ___월 ___일)

- 검정 볼펜을 사용, 띄어쓰기 포함 600자 이상 자필로 작성(600자 이상 쓸 경우, 하나당 10점 부여)
- 분량 미달(600자 라인을 넘지 못하면)은 −3점
- 작성한 과제물은 스마트폰 카메라를 활용하여 사진을 찍거나, 스캔하여 이미지 파일을 생성할 것
- 모든 과제물을 수행한 후, 하나의 PDF파일로 만들어 지정된 기간 내에 교수자의 이메일로 제출할 것(원본은 각자 보관)
  : 과제물은 반드시 하나의 PDF파일을 만들어서 보내야 하며, 개별적인 그림 파일을 보내지 말 것

이름(성함)		학과(학부)		학년/학기	/	학번	

인간은 누구나 실수를 합니다. 건강하고 성공적인 삶을 살아가는 사람들도 실수를 하죠. 이들이 건강하고 성공적인 삶을 사는 이유는 실수나 실패를 경험하지 않기 때문이 아닙니다. 이들도 힘들고 괴로운 삶을 사는 사람들 만큼 실수나 실패를 경험해요. 그럼 뭐가 다른 걸까요? 같은 실수나 실패를 반복하지 않는다는 것이 다릅니다. 힘들고 괴로운 삶을 살아가는 사람들은 그 실수나 실패 후에 여전히 같은 실수나 실패를 하지만, 성공적이고 건강한 삶을 사는 사람들은 과거에 했던 실수나 실패를 반복하지 않는다는 것이 달랐던 것입니다. 자신의 역사에서 배우고, 학습하면서 다시는 같은 실수를 하지 않는 사람은 계속 더 성장하고, 성숙하며, 건강한 삶을 만들어 가지만, 자신의 역사에서 배우지 못하고 학습한 것이 없는 사람은 결정적인 순간에 계속 같은 실수를 하면서 갈수록 힘들고, 괴롭고, 외로운 삶을 살아가게 됩니다. 이제 이런 악순환의 고리를 끊어 볼까요? 방법은 간단합니다. 일단 이런 악순환의 고리, 흑역사의 고리가 있음을 분명히 인식하는 것입니다. 일단 여러분이 반복적으로 저지르는 실수와 실패에 대해 써 보세요. 성취의 문제, 관계의 문제, 돈의 문제, 운동의 문제, 다이어트의 문제, 건강의 문제, 학업의 문제 등등 어떤 것이든 좋습니다. 그리고 이 같은 실수나 실패를 반복하지 않기 위해서는 어떻게 해야 할지 구체적인 계획을 작성해 봅시다. 그리고 진짜 실행해 보세요.

30자
60자
90자
120자
150자
180자
210자
240자
270자
300자
330자
360자
390자
420자
450자
480자
510자
540자
570자
600자
630자
660자
690자
720자
750자
780자

반복되는 실수나 실패 재발 방지 보고서 (____년 ___월 ___일)

- 검정 볼펜을 사용, 띄어쓰기 포함 600자 이상 자필로 작성(600자 이상 쓸 경우, 하나당 10점 부여)
- 분량 미달(600자 라인을 넘지 못하면)은 −3점
- 작성한 과제물은 스마트폰 카메라를 활용하여 사진을 찍거나, 스캔하여 이미지 파일을 생성할 것
- 모든 과제물을 수행한 후, 하나의 PDF파일로 만들어 지정된 기간 내에 교수자의 이메일로 제출할 것(원본은 각자 보관)
  : 과제물은 반드시 하나의 PDF파일을 만들어서 보내야 하며, 개별적인 그림 파일을 보내지 말 것

이름(성함)		학과(학부)		학년/학기	/	학번	

인간은 누구나 실수를 합니다. 건강하고 성공적인 삶을 살아가는 사람들도 실수를 하죠. 이들이 건강하고 성공적인 삶을 사는 이유는 실수나 실패를 경험하지 않기 때문이 아닙니다. 이들도 힘들고 괴로운 삶을 사는 사람들 만큼 실수나 실패를 경험해요. 그럼 뭐가 다른 걸까요? 같은 실수나 실패를 반복하지 않는다는 것이 다릅니다. 힘들고 괴로운 삶을 살아가는 사람들은 그 실수나 실패 후에 여전히 같은 실수나 실패를 하지만, 성공적이고 건강한 삶을 사는 사람들은 과거에 했던 실수나 실패를 반복하지 않는다는 것이 달랐던 것입니다. 자신의 역사에서 배우고, 학습하면서 다시는 같은 실수를 하지 않는 사람은 계속 더 성장하고, 성숙하며, 건강한 삶을 만들어 가지만, 자신의 역사에서 배우지 못하고 학습한 것이 없는 사람은 결정적인 순간에 계속 같은 실수를 하면서 갈수록 힘들고, 괴롭고, 외로운 삶을 살아가게 됩니다. 이제 이런 악순환의 고리를 끊어 볼까요? 방법은 간단합니다. 일단 이런 악순환의 고리, 흑역사의 고리가 있음을 분명히 인식하는 것입니다. 일단 여러분이 반복적으로 저지르는 실수와 실패에 대해 써 보세요. 성취의 문제, 관계의 문제, 돈의 문제, 운동의 문제, 다이어트의 문제, 건강의 문제, 학업의 문제 등등 어떤 것이든 좋습니다. 그리고 이 같은 실수나 실패를 반복하지 않기 위해서는 어떻게 해야 할지 구체적인 계획을 작성해 봅시다. 그리고 진짜 실행해 보세요.

30자
60자
90자
120자
150자
180자
210자
240자
270자
300자
330자
360자
390자
420자
450자
480자
510자
540자
570자
600자
630자
660자
690자
720자
750자
780자

반복되는 실수나 실패 재발 방지 보고서 (____년 ___월 ___일)

- 검정 볼펜을 사용, 띄어쓰기 포함 600자 이상 자필로 작성(600자 이상 쓸 경우, 하나당 10점 부여)
- 분량 미달(600자 라인을 넘지 못하면)은 −3점
- 작성한 과제물은 스마트폰 카메라를 활용하여 사진을 찍거나, 스캔하여 이미지 파일을 생성할 것
- 모든 과제물을 수행한 후, 하나의 PDF파일로 만들어 지정된 기간 내에 교수자의 이메일로 제출할 것(원본은 각자 보관)
  : 과제물은 반드시 하나의 PDF파일을 만들어서 보내야 하며, 개별적인 그림 파일을 보내지 말 것

이름(성함)		학과(학부)		학년/학기	/	학번	

인간은 누구나 실수를 합니다. 건강하고 성공적인 삶을 살아가는 사람들도 실수를 하죠. 이들이 건강하고 성공적인 삶을 사는 이유는 실수나 실패를 경험하지 않기 때문이 아닙니다. 이들도 힘들고 괴로운 삶을 사는 사람들 만큼 실수나 실패를 경험해요. 그럼 뭐가 다른 걸까요? 같은 실수나 실패를 반복하지 않는다는 것이 다릅니다. 힘들고 괴로운 삶을 살아가는 사람들은 그 실수나 실패 후에 여전히 같은 실수나 실패를 하지만, 성공적이고 건강한 삶을 사는 사람들은 과거에 했던 실수나 실패를 반복하지 않는다는 것이 달랐던 것입니다. 자신의 역사에서 배우고, 학습하면서 다시는 같은 실수를 하지 않는 사람은 계속 더 성장하고, 성숙하며, 건강한 삶을 만들어 가지만, 자신의 역사에서 배우지 못하고 학습한 것이 없는 사람은 결정적인 순간에 계속 같은 실수를 하면서 갈수록 힘들고, 괴롭고, 외로운 삶을 살아가게 됩니다. 이제 이런 악순환의 고리를 끊어 볼까요? 방법은 간단합니다. 일단 이런 악순환의 고리, 흑역사의 고리가 있음을 분명히 인식하는 것입니다. 일단 여러분이 반복적으로 저지르는 실수와 실패에 대해 써 보세요. 성취의 문제, 관계의 문제, 돈의 문제, 운동의 문제, 다이어트의 문제, 건강의 문제, 학업의 문제 등등 어떤 것이든 좋습니다. 그리고 이 같은 실수나 실패를 반복하지 않기 위해서는 어떻게 해야 할지 구체적인 계획을 작성해 봅시다. 그리고 진짜 실행해 보세요.

30자
60자
90자
120자
150자
180자
210자
240자
270자
300자
330자
360자
390자
420자
450자
480자
510자
540자
570자
600자
630자
660자
690자
720자
750자
780자

반복되는 실수나 실패 재발 방지 보고서 (____년 ___월 ___일)

- 검정 볼펜을 사용, 띄어쓰기 포함 600자 이상 자필로 작성(600자 이상 쓸 경우, 하나당 10점 부여)
- 분량 미달(600자 라인을 넘지 못하면)은 −3점
- 작성한 과제물은 스마트폰 카메라를 활용하여 사진을 찍거나, 스캔하여 이미지 파일을 생성할 것
- 모든 과제물을 수행한 후, 하나의 PDF파일로 만들어 지정된 기간 내에 교수자의 이메일로 제출할 것(원본은 각자 보관)
  : 과제물은 반드시 하나의 PDF파일을 만들어서 보내야 하며, 개별적인 그림 파일을 보내지 말 것

이름(성함)		학과(학부)		학년/학기	/	학번	

인간은 누구나 실수를 합니다. 건강하고 성공적인 삶을 살아가는 사람들도 실수를 하죠. 이들이 건강하고 성공적인 삶을 사는 이유는 실수나 실패를 경험하지 않기 때문이 아닙니다. 이들도 힘들고 괴로운 삶을 사는 사람들 만큼 실수나 실패를 경험해요. 그럼 뭐가 다른 걸까요? 같은 실수나 실패를 반복하지 않는다는 것이 다릅니다. 힘들고 괴로운 삶을 살아가는 사람들은 그 실수나 실패 후에 여전히 같은 실수나 실패를 하지만, 성공적이고 건강한 삶을 사는 사람들은 과거에 했던 실수나 실패를 반복하지 않는다는 것이 달랐던 것입니다. 자신의 역사에서 배우고, 학습하면서 다시는 같은 실수를 하지 않는 사람은 계속 더 성장하고, 성숙하며, 건강한 삶을 만들어 가지만, 자신의 역사에서 배우지 못하고 학습한 것이 없는 사람은 결정적인 순간에 계속 같은 실수를 하면서 갈수록 힘들고, 괴롭고, 외로운 삶을 살아가게 됩니다. 이제 이런 악순환의 고리를 끊어 볼까요? 방법은 간단합니다. 일단 이런 악순환의 고리, 흑역사의 고리가 있음을 분명히 인식하는 것입니다. 일단 여러분이 반복적으로 저지르는 실수와 실패에 대해 써 보세요. 성취의 문제, 관계의 문제, 돈의 문제, 운동의 문제, 다이어트의 문제, 건강의 문제, 학업의 문제 등등 어떤 것이든 좋습니다. 그리고 이 같은 실수나 실패를 반복하지 않기 위해서는 어떻게 해야 할지 구체적인 계획을 작성해 봅시다. 그리고 진짜 실행해 보세요.

30자
60자
90자
120자
150자
180자
210자
240자
270자
300자
330자
360자
390자
420자
450자
480자
510자
540자
570자
600자
630자
660자
690자
720자
750자
780자

암송하고 있는 혹은 암송하고 싶은 명언·명구 (____년 ____월 ____일)

- 검정 볼펜을 사용하여 암송하고 싶은 명언이나 명구 3개와 각각을 선택한 이유를 210자 넘게 작성할 것
- 한 섹션당 210자 라인을 넘지 못할 때마다 −1점
- 작성한 과제물은 스마트폰 카메라를 활용하여 사진을 찍거나, 스캔하여 이미지 파일을 생성할 것
- 모든 과제물을 수행한 후, 하나의 PDF파일로 만들어 지정된 기간 내에 교수자의 이메일로 제출할 것(원본은 각자 보관)
  : 과제물은 반드시 하나의 PDF파일을 만들어서 보내야 하며, 개별적인 그림 파일을 보내지 말 것

이름(성함)		학과(학부)		학년/학기	/	학번	

건강하고 성공적인 삶을 살아가는 사람들은 무너질 것 같은 순간에 자신을 지탱해 주고, 다시 힘을 주며, 일어나서 걷게 하는 명언이나 명구를 외우고 있습니다. 이런 명언이나 명구는 종교 경전의 글귀가 될 수도 있고, 드라마나 영화, 때론 애니메이션의 대사가 될 수도 있으며, 소설이나 시에 나온 말이 될 수도 있고, 시, 수필, 신문, 자기 계발 서적에 나온 표현일 수도 있어요. 여러분은 암송할 수 있는 명언과 명구가 있나요? 있다면, 아래 양식지에 3개를 적어 보고 어떤 경로를 통해 이 명언과 명구를 접하게 되었는지, 이를 외우게 된 이유는 무엇인지, 실제로 이러한 명언과 명구를 통해 다시 힘을 얻고 일어선 경험은 무엇인지 하나당 210자 넘게 적어 보세요. 혹 이미 선정한 명언과 명구가 없다면, 이 과제를 통해 선정해 보시고, 왜 이를 암송하고 싶은지에 대해 210자 넘게 적으시면 됩니다.

1) (이곳에 첫 번째 명언 혹은 명구를 적으세요.)

30자
60자
90자
120자
150자
180자
210자
240자
270자
300자

2) (이곳에 두 번째 명언 혹은 명구를 적으세요.)

30자
60자
90자
120자
150자
180자
210자
240자
270자
300자

3) (이곳에 세 번째 명언 혹은 명구를 적으세요.)

30자
60자
90자
120자
150자
180자
210자
240자
270자
300자

암송하고 있는 혹은 암송하고 싶은 명언·명구 (___년 ___월 ___일)

- 검정 볼펜을 사용하여 암송하고 싶은 명언이나 명구 3개와 각각을 선택한 이유를 210자 넘게 작성할 것
- 한 섹션당 210자 라인을 넘지 못할 때마다 −1점
- 작성한 과제물은 스마트폰 카메라를 활용하여 사진을 찍거나, 스캔하여 이미지 파일을 생성할 것
- 모든 과제물을 수행한 후, 하나의 PDF파일로 만들어 지정된 기간 내에 교수자의 이메일로 제출할 것(원본은 각자 보관)
  : 과제물은 반드시 하나의 PDF파일을 만들어서 보내야 하며, 개별적인 그림 파일을 보내지 말 것

이름(성함)		학과(학부)		학년/학기	/	학번	

건강하고 성공적인 삶을 살아가는 사람들은 무너질 것 같은 순간에 자신을 지탱해 주고, 다시 힘을 주며, 일어나서 걷게 하는 명언이나 명구를 외우고 있습니다. 이런 명언이나 명구는 종교 경전의 글귀가 될 수도 있고, 드라마나 영화, 때론 애니메이션의 대사가 될 수도 있으며, 소설이나 시에 나온 말이 될 수도 있고, 시, 수필, 신문, 자기 계발 서적에 나온 표현일 수도 있어요. 여러분은 암송할 수 있는 명언과 명구가 있나요? 있다면, 아래 양식지에 3개를 적어 보고 어떤 경로를 통해 이 명언과 명구를 접하게 되었는지, 이를 외우게 된 이유는 무엇인지, 실제로 이러한 명언과 명구를 통해 다시 힘을 얻고 일어선 경험은 무엇인지 하나당 210자 넘게 적어 보세요. 혹 이미 선정한 명언과 명구가 없다면, 이 과제를 통해 선정해 보시고, 왜 이를 암송하고 싶은지에 대해 210자 넘게 적으시면 됩니다.

1) (이곳에 첫 번째 명언 혹은 명구를 적으세요.)

30자
60자
90자
120자
150자
180자
210자
240자
270자
300자

2) (이곳에 두 번째 명언 혹은 명구를 적으세요.)

30자
60자
90자
120자
150자
180자
210자
240자
270자
300자

3) (이곳에 세 번째 명언 혹은 명구를 적으세요.)

30자
60자
90자
120자
150자
180자
210자
240자
270자
300자

암송하고 있는 혹은 암송하고 싶은 명언·명구 (___년 ___월 ___일)

- 검정 볼펜을 사용하여 암송하고 싶은 명언이나 명구 3개와 각각을 선택한 이유를 210자 넘게 작성할 것
- 한 섹션당 210자 라인을 넘지 못할 때마다 −1점
- 작성한 과제물은 스마트폰 카메라를 활용하여 사진을 찍거나, 스캔하여 이미지 파일을 생성할 것
- 모든 과제물을 수행한 후, 하나의 PDF파일로 만들어 지정된 기간 내에 교수자의 이메일로 제출할 것(원본은 각자 보관)

  : 과제물은 반드시 하나의 PDF파일을 만들어서 보내야 하며, 개별적인 그림 파일을 보내지 말 것

이름(성함)		학과(학부)		학년/학기	/	학번	

건강하고 성공적인 삶을 살아가는 사람들은 무너질 것 같은 순간에 자신을 지탱해 주고, 다시 힘을 주며, 일어나서 걷게 하는 명언이나 명구를 외우고 있습니다. 이런 명언이나 명구는 종교 경전의 글귀가 될 수도 있고, 드라마나 영화, 때론 애니메이션의 대사가 될 수도 있으며, 소설이나 시에 나온 말이 될 수도 있고, 시, 수필, 신문, 자기 계발 서적에 나온 표현일 수도 있어요. 여러분은 암송할 수 있는 명언과 명구가 있나요? 있다면, 아래 양식지에 3개를 적어 보고 어떤 경로를 통해 이 명언과 명구를 접하게 되었는지, 이를 외우게 된 이유는 무엇인지, 실제로 이러한 명언과 명구를 통해 다시 힘을 얻고 일어선 경험은 무엇인지 하나당 210자 넘게 적어 보세요. 혹 이미 선정한 명언과 명구가 없다면, 이 과제를 통해 선정해 보시고, 왜 이를 암송하고 싶은지에 대해 210자 넘게 적으시면 됩니다.

1) (이곳에 첫 번째 명언 혹은 명구를 적으세요.)

30자
60자
90자
120자
150자
180자
210자
240자
270자
300자

2) (이곳에 두 번째 명언 혹은 명구를 적으세요.)

30자
60자
90자
120자
150자
180자
210자
240자
270자
300자

3) (이곳에 세 번째 명언 혹은 명구를 적으세요.)

30자
60자
90자
120자
150자
180자
210자
240자
270자
300자

암송하고 있는 혹은 암송하고 싶은 명언·명구 (___년 ___월 ___일)

- 검정 볼펜을 사용하여 암송하고 싶은 명언이나 명구 3개와 각각을 선택한 이유를 210자 넘게 작성할 것
- 한 섹션당 210자 라인을 넘지 못할 때마다 −1점
- 작성한 과제물은 스마트폰 카메라를 활용하여 사진을 찍거나, 스캔하여 이미지 파일을 생성할 것
- 모든 과제물을 수행한 후, 하나의 PDF파일로 만들어 지정된 기간 내에 교수자의 이메일로 제출할 것(원본은 각자 보관)
  : 과제물은 반드시 하나의 PDF파일을 만들어서 보내야 하며, 개별적인 그림 파일을 보내지 말 것

이름(성함)		학과(학부)		학년/학기	/	학번	

건강하고 성공적인 삶을 살아가는 사람들은 무너질 것 같은 순간에 자신을 지탱해 주고, 다시 힘을 주며, 일어나서 걷게 하는 명언이나 명구를 외우고 있습니다. 이런 명언이나 명구는 종교 경전의 글귀가 될 수도 있고, 드라마나 영화, 때론 애니메이션의 대사가 될 수도 있으며, 소설이나 시에 나온 말이 될 수도 있고, 시, 수필, 신문, 자기 계발 서적에 나온 표현일 수도 있어요. 여러분은 암송할 수 있는 명언과 명구가 있나요? 있다면, 아래 양식지에 3개를 적어 보고 어떤 경로를 통해 이 명언과 명구를 접하게 되었는지, 이를 외우게 된 이유는 무엇인지, 실제로 이러한 명언과 명구를 통해 다시 힘을 얻고 일어선 경험은 무엇인지 하나당 210자 넘게 적어 보세요. 혹 이미 선정한 명언과 명구가 없다면, 이 과제를 통해 선정해 보시고, 왜 이를 암송하고 싶은지에 대해 210자 넘게 적으시면 됩니다.

1) (이곳에 첫 번째 명언 혹은 명구를 적으세요.)

30자
60자
90자
120자
150자
180자
210자
240자
270자
300자

2) (이곳에 두 번째 명언 혹은 명구를 적으세요.)

30자
60자
90자
120자
150자
180자
210자
240자
270자
300자

3) (이곳에 세 번째 명언 혹은 명구를 적으세요.)

30자
60자
90자
120자
150자
180자
210자
240자
270자
300자

의미일기 (____년 ___월 ___일)

- 검정 볼펜을 사용, 띄어쓰기 포함 600자 이상 자필로 작성(600자 이상 쓸 경우, 하나당 10점 부여)
- 분량 미달(600자 라인을 넘지 못하면)은 −3점
- 작성한 과제물은 스마트폰 카메라를 활용하여 사진을 찍거나, 스캔하여 이미지 파일을 생성할 것
- 모든 과제물을 수행한 후, 하나의 PDF파일로 만들어 지정된 기간 내에 교수자의 이메일로 제출할 것(원본은 각자 보관)
  : 과제물은 반드시 하나의 PDF파일을 만들어서 보내야 하며, 개별적인 그림 파일을 보내지 말 것

이름(성함)		학과(학부)		학년/학기	/	학번	

즐거움을 쫓아 사는 것은 동물도 하는 것입니다. 성욕을 쫓아 살고, 식욕을 쫓아 살고, 따뜻함을 쫓아 살고, 위험을 피하는 것으로는 동물과 인간을 구분할 수 없습니다. 그럼 인간을 인간답게 하는 것, 인간을 인간 되게 하는 것은 무엇일까요? 그것은 재미나 즐거움이 아니라, 의미와 가치입니다. 의미와 가치를 추구할 수 있다는 것은 인간을 인간으로 만드는 핵심 요소 중 하나입니다. 여러분은 인생에서 얼마나 의미를 추구하고 있나요? 의미는 여러 가지 측면에서 도출될 수 있습니다. 첫 번째는 내가 잘하고 좋아하는 것을 통해 공동체 구성원들을 도울 때 발생합니다. 두 번째는 내 자신의 능력 혹은 역량이 성장했음을 깨달을 때 발생합니다. 세 번째는 내 자신의 인격이 성숙했음을 깨달을 때 발생합니다. 네 번째는 세상을 더 나은 곳으로 만드는 것에 기여했을 때 발생합니다. 다섯 번째는 위대한 음악이나 미술과 같은 예술을 접했을 때 발생합니다. 여섯 번째는 위대한 스포츠 선수들이 보여 주는 불굴의 의지를 볼 때 발생합니다. 여러분은 요즘 어떤 측면에서 의미를 느끼고 있나요? 여러분이 경험한 의미의 일기를 써 봅시다.

의미일기 (____년 ___월 ___일)

- 검정 볼펜을 사용, 띄어쓰기 포함 600자 이상 자필로 작성(600자 이상 쓸 경우, 하나당 10점 부여)
- 분량 미달(600자 라인을 넘지 못하면)은 −3점
- 작성한 과제물은 스마트폰 카메라를 활용하여 사진을 찍거나, 스캔하여 이미지 파일을 생성할 것
- 모든 과제물을 수행한 후, 하나의 PDF파일로 만들어 지정된 기간 내에 교수자의 이메일로 제출할 것(원본은 각자 보관)
  : 과제물은 반드시 하나의 PDF파일을 만들어서 보내야 하며, 개별적인 그림 파일을 보내지 말 것

이름(성함)		학과(학부)		학년/학기	/	학번	

즐거움을 쫓아 사는 것은 동물도 하는 것입니다. 성욕을 쫓아 살고, 식욕을 쫓아 살고, 따뜻함을 쫓아 살고, 위험을 피하는 것으로는 동물과 인간을 구분할 수 없습니다. 그럼 인간을 인간답게 하는 것, 인간을 인간 되게 하는 것은 무엇일까요? 그것은 재미나 즐거움이 아니라, 의미와 가치입니다. 의미와 가치를 추구할 수 있다는 것은 인간을 인간으로 만드는 핵심 요소 중 하나입니다. 여러분은 인생에서 얼마나 의미를 추구하고 있나요? 의미는 여러 가지 측면에서 도출될 수 있습니다. 첫 번째는 내가 잘하고 좋아하는 것을 통해 공동체 구성원들을 도울 때 발생합니다. 두 번째는 내 자신의 능력 혹은 역량이 성장했음을 깨달을 때 발생합니다. 세 번째는 내 자신의 인격이 성숙했음을 깨달을 때 발생합니다. 네 번째는 세상을 더 나은 곳으로 만드는 것에 기여했을 때 발생합니다. 다섯 번째는 위대한 음악이나 미술과 같은 예술을 접했을 때 발생합니다. 여섯 번째는 위대한 스포츠 선수들이 보여 주는 불굴의 의지를 볼 때 발생합니다. 여러분은 요즘 어떤 측면에서 의미를 느끼고 있나요? 여러분이 경험한 의미의 일기를 써 봅시다.

의미일기 (____년 ___월 ___일)

- 검정 볼펜을 사용, 띄어쓰기 포함 600자 이상 자필로 작성(600자 이상 쓸 경우, 하나당 10점 부여)
- 분량 미달(600자 라인을 넘지 못하면)은 −3점
- 작성한 과제물은 스마트폰 카메라를 활용하여 사진을 찍거나, 스캔하여 이미지 파일을 생성할 것
- 모든 과제물을 수행한 후, 하나의 PDF파일로 만들어 지정된 기간 내에 교수자의 이메일로 제출할 것(원본은 각자 보관)
  : 과제물은 반드시 하나의 PDF파일을 만들어서 보내야 하며, 개별적인 그림 파일을 보내지 말 것

이름(성함)		학과(학부)		학년/학기	/	학번	

즐거움을 쫓아 사는 것은 동물도 하는 것입니다. 성욕을 쫓아 살고, 식욕을 쫓아 살고, 따뜻함을 쫓아 살고, 위험을 피하는 것으로는 동물과 인간을 구분할 수 없습니다. 그럼 인간을 인간답게 하는 것, 인간을 인간 되게 하는 것은 무엇일까요? 그것은 재미나 즐거움이 아니라, 의미와 가치입니다. 의미와 가치를 추구할 수 있다는 것은 인간을 인간으로 만드는 핵심 요소 중 하나입니다. 여러분은 인생에서 얼마나 의미를 추구하고 있나요? 의미는 여러 가지 측면에서 도출될 수 있습니다. 첫 번째는 내가 잘하고 좋아하는 것을 통해 공동체 구성원들을 도울 때 발생합니다. 두 번째는 내 자신의 능력 혹은 역량이 성장했음을 깨달을 때 발생합니다. 세 번째는 내 자신의 인격이 성숙했음을 깨달을 때 발생합니다. 네 번째는 세상을 더 나은 곳으로 만드는 것에 기여했을 때 발생합니다. 다섯 번째는 위대한 음악이나 미술과 같은 예술을 접했을 때 발생합니다. 여섯 번째는 위대한 스포츠 선수들이 보여 주는 불굴의 의지를 볼 때 발생합니다. 여러분은 요즘 어떤 측면에서 의미를 느끼고 있나요? 여러분이 경험한 의미의 일기를 써 봅시다.

30자
60자
90자
120자
150자
180자
210자
240자
270자
300자
330자
360자
390자
420자
450자
480자
510자
540자
570자
600자
630자
660자
690자
720자
750자
780자
810자
840자

의미일기 (____년 ___월 ___일)

- 검정 볼펜을 사용, 띄어쓰기 포함 600자 이상 자필로 작성(600자 이상 쓸 경우, 하나당 10점 부여)
- 분량 미달(600자 라인을 넘지 못하면)은 −3점
- 작성한 과제물은 스마트폰 카메라를 활용하여 사진을 찍거나, 스캔하여 이미지 파일을 생성할 것
- 모든 과제물을 수행한 후, 하나의 PDF파일로 만들어 지정된 기간 내에 교수자의 이메일로 제출할 것(원본은 각자 보관)
  : 과제물은 반드시 하나의 PDF파일을 만들어서 보내야 하며, 개별적인 그림 파일을 보내지 말 것

이름(성함)		학과(학부)		학년/학기	/	학번	

즐거움을 쫓아 사는 것은 동물도 하는 것입니다. 성욕을 쫓아 살고, 식욕을 쫓아 살고, 따뜻함을 쫓아 살고, 위험을 피하는 것으로는 동물과 인간을 구분할 수 없습니다. 그럼 인간을 인간답게 하는 것, 인간을 인간 되게 하는 것은 무엇일까요? 그것은 재미나 즐거움이 아니라, 의미와 가치입니다. 의미와 가치를 추구할 수 있다는 것은 인간을 인간으로 만드는 핵심 요소 중 하나입니다. 여러분은 인생에서 얼마나 의미를 추구하고 있나요? 의미는 여러 가지 측면에서 도출될 수 있습니다. 첫 번째는 내가 잘하고 좋아하는 것을 통해 공동체 구성원들을 도울 때 발생합니다. 두 번째는 내 자신의 능력 혹은 역량이 성장했음을 깨달을 때 발생합니다. 세 번째는 내 자신의 인격이 성숙했음을 깨달을 때 발생합니다. 네 번째는 세상을 더 나은 곳으로 만드는 것에 기여했을 때 발생합니다. 다섯 번째는 위대한 음악이나 미술과 같은 예술을 접했을 때 발생합니다. 여섯 번째는 위대한 스포츠 선수들이 보여 주는 불굴의 의지를 볼 때 발생합니다. 여러분은 요즘 어떤 측면에서 의미를 느끼고 있나요? 여러분이 경험한 의미의 일기를 써 봅시다.

30자
60자
90자
120자
150자
180자
210자
240자
270자
300자
330자
360자
390자
420자
450자
480자
510자
540자
570자
600자
630자
660자
690자
720자
750자
780자
810자
840자

표현적 글쓰기 (___년 ___월 ___일)

- 검정 볼펜을 사용, 띄어쓰기 포함 720자 이상 자필로 작성(720자 이상 쓸 경우, 하나당 10점 부여)
- 분량 미달(720자 라인을 넘지 못하면)은 −3점
- 작성한 과제물은 스마트폰 카메라를 활용하여 사진을 찍거나, 스캔하여 이미지 파일을 생성할 것
- 과제물을 수행한 후, 하나의 PDF파일로 만들어 지정된 기간 내에 교수자의 이메일로 제출할 것(원본은 각자 보관)
  : 과제물은 반드시 하나의 PDF파일을 만들어서 보내야 하며, 개별적인 그림 파일을 보내지 말 것

이름(성함)		학과(학부)		학년/학기	/	학번	

마음의 상처라는 말은 막연한 비유가 아닙니다. 마음의 상처는 우리 뇌의 고통 감지 영역을 활성화시키며, 이는 신체적 고통을 느낄 때도 활성화되는 영역이죠. 신체에 상처가 났을 때 활성화되는 뇌의 영역과 마음에 상처가 났을 때 활성화되는 뇌의 영역이 동일하다는 것은 의미하는 바가 큽니다. 우리 뇌는 마음의 상처와 신체의 상처를 최소한 동일선상에서 취급하고 있음을 보여 주니까요. 신체에 상처가 나면 소독약을 뿌리고, 약을 발라 치료하는 것처럼 마음의 상처도 치료가 필요합니다. 그런데 마음의 상처는 어떻게 치료해야 하는 걸까요? 마음의 상처에 잘 듣는 소독약과 상처를 아물게 하는 연고는 무엇일까요? 심리학자들은 오랜 연구를 거쳐 표현적 글쓰기라는 수단이 마음의 상처를 치료하는 소독약과 연고가 될 수 있음을 발견해 왔습니다. 방식은 단순합니다. 마음의 상처가 발생한 일에 대해 20분 정도 담담히 기술해 보세요. 잘 모르겠으면, 사건의 발단부터 시간적인 순서로 기술하면 됩니다. 시간을 거슬러 올라가는 순서로 기술해도 좋습니다. 제3자의 관점에서 이 사건을 본다고 생각하면서 기술할 수도 있겠네요. 나와 나에게 상처를 준 인물 주변 인물들을, 다른 가상의 캐릭터(등장인물)에 투사하여 소설을 쓰는 방식으로 써도 좋습니다. 지금 바로 시작해 보세요.

30자
60자
90자
120자
150자
180자
210자
240자
270자
300자
330자
360자
390자
420자
450자
480자
510자
540자
570자
600자
630자
660자
690자
720자
750자
780자
810자

표현적 글쓰기 (____년 ___월 ___일)

- 검정 볼펜을 사용, 띄어쓰기 포함 720자 이상 자필로 작성(720자 이상 쓸 경우, 하나당 10점 부여)
- 분량 미달(720자 라인을 넘지 못하면)은 −3점
- 작성한 과제물은 스마트폰 카메라를 활용하여 사진을 찍거나, 스캔하여 이미지 파일을 생성할 것
- 과제물을 수행한 후, 하나의 PDF파일로 만들어 지정된 기간 내에 교수자의 이메일로 제출할 것(원본은 각자 보관)
  : 과제물은 반드시 하나의 PDF파일을 만들어서 보내야 하며, 개별적인 그림 파일을 보내지 말 것

이름(성함)		학과(학부)		학년/학기	/	학번	

마음의 상처라는 말은 막연한 비유가 아닙니다. 마음의 상처는 우리 뇌의 고통 감지 영역을 활성화시키며, 이는 신체적 고통을 느낄 때도 활성화되는 영역이죠. 신체에 상처가 났을 때 활성화되는 뇌의 영역과 마음에 상처가 났을 때 활성화되는 뇌의 영역이 동일하다는 것은 의미하는 바가 큽니다. 우리 뇌는 마음의 상처와 신체의 상처를 최소한 동일선상에서 취급하고 있음을 보여 주니까요. 신체에 상처가 나면 소독약을 뿌리고, 약을 발라 치료하는 것처럼 마음의 상처도 치료가 필요합니다. 그런데 마음의 상처는 어떻게 치료해야 하는 걸까요? 마음의 상처에 잘 듣는 소독약과 상처를 아물게 하는 연고는 무엇일까요? 심리학자들은 오랜 연구를 거쳐 표현적 글쓰기라는 수단이 마음의 상처를 치료하는 소독약과 연고가 될 수 있음을 발견해 왔습니다. 방식은 단순합니다. 마음의 상처가 발생한 일에 대해 20분 정도 담담히 기술해 보세요. 잘 모르겠으면, 사건의 발단부터 시간적인 순서로 기술하면 됩니다. 시간을 거슬러 올라가는 순서로 기술해도 좋습니다. 제3자의 관점에서 이 사건을 본다고 생각하면서 기술할 수도 있겠네요. 나와 나에게 상처를 준 인물 주변 인물들을, 다른 가상의 캐릭터(등장인물)에 투사하여 소설을 쓰는 방식으로 써도 좋습니다. 지금 바로 시작해 보세요.

30자
60자
90자
120자
150자
180자
210자
240자
270자
300자
330자
360자
390자
420자
450자
480자
510자
540자
570자
600자
630자
660자
690자
720자
750자
780자
810자

표현적 글쓰기 (___년 ___월 ___일)

- 검정 볼펜을 사용, 띄어쓰기 포함 720자 이상 자필로 작성(720자 이상 쓸 경우, 하나당 10점 부여)
- 분량 미달(720자 라인을 넘지 못하면)은 −3점
- 작성한 과제물은 스마트폰 카메라를 활용하여 사진을 찍거나, 스캔하여 이미지 파일을 생성할 것
- 과제물을 수행한 후, 하나의 PDF파일로 만들어 지정된 기간 내에 교수자의 이메일로 제출할 것(원본은 각자 보관)
  : 과제물은 반드시 하나의 PDF파일을 만들어서 보내야 하며, 개별적인 그림 파일을 보내지 말 것

이름(성함)		학과(학부)		학년/학기	/	학번	

마음의 상처라는 말은 막연한 비유가 아닙니다. 마음의 상처는 우리 뇌의 고통 감지 영역을 활성화시키며, 이는 신체적 고통을 느낄 때도 활성화되는 영역이죠. 신체에 상처가 났을 때 활성화되는 뇌의 영역과 마음에 상처가 났을 때 활성화되는 뇌의 영역이 동일하다는 것은 의미하는 바가 큽니다. 우리 뇌는 마음의 상처와 신체의 상처를 최소한 동일선상에서 취급하고 있음을 보여 주니까요. 신체에 상처가 나면 소독약을 뿌리고, 약을 발라 치료하는 것처럼 마음의 상처도 치료가 필요합니다. 그런데 마음의 상처는 어떻게 치료해야 하는 걸까요? 마음의 상처에 잘 듣는 소독약과 상처를 아물게 하는 연고는 무엇일까요? 심리학자들은 오랜 연구를 거쳐 표현적 글쓰기라는 수단이 마음의 상처를 치료하는 소독약과 연고가 될 수 있음을 발견해 왔습니다. 방식은 단순합니다. 마음의 상처가 발생한 일에 대해 20분 정도 담담히 기술해 보세요. 잘 모르겠으면, 사건의 발단부터 시간적인 순서로 기술하면 됩니다. 시간을 거슬러 올라가는 순서로 기술해도 좋습니다. 제3자의 관점에서 이 사건을 본다고 생각하면서 기술할 수도 있겠네요. 나와 나에게 상처를 준 인물 주변 인물들을, 다른 가상의 캐릭터(등장인물)에 투사하여 소설을 쓰는 방식으로 써도 좋습니다. 지금 바로 시작해 보세요.

30자
60자
90자
120자
150자
180자
210자
240자
270자
300자
330자
360자
390자
420자
450자
480자
510자
540자
570자
600자
630자
660자
690자
720자
750자
780자
810자

표현적 글쓰기 (___년 ___월 ___일)

- 검정 볼펜을 사용, 띄어쓰기 포함 720자 이상 자필로 작성(720자 이상 쓸 경우, 하나당 10점 부여)
- 분량 미달(720자 라인을 넘지 못하면)은 −3점
- 작성한 과제물은 스마트폰 카메라를 활용하여 사진을 찍거나, 스캔하여 이미지 파일을 생성할 것
- 과제물을 수행한 후, 하나의 PDF파일로 만들어 지정된 기간 내에 교수자의 이메일로 제출할 것(원본은 각자 보관)
  : 과제물은 반드시 하나의 PDF파일을 만들어서 보내야 하며, 개별적인 그림 파일을 보내지 말 것

이름(성함)		학과(학부)		학년/학기	/	학번	

마음의 상처라는 말은 막연한 비유가 아닙니다. 마음의 상처는 우리 뇌의 고통 감지 영역을 활성화시키며, 이는 신체적 고통을 느낄 때도 활성화되는 영역이죠. 신체에 상처가 났을 때 활성화되는 뇌의 영역과 마음에 상처가 났을 때 활성화되는 뇌의 영역이 동일하다는 것은 의미하는 바가 큽니다. 우리 뇌는 마음의 상처와 신체의 상처를 최소한 동일선상에서 취급하고 있음을 보여 주니까요. 신체에 상처가 나면 소독약을 뿌리고, 약을 발라 치료하는 것처럼 마음의 상처도 치료가 필요합니다. 그런데 마음의 상처는 어떻게 치료해야 하는 걸까요? 마음의 상처에 잘 듣는 소독약과 상처를 아물게 하는 연고는 무엇일까요? 심리학자들은 오랜 연구를 거쳐 표현적 글쓰기라는 수단이 마음의 상처를 치료하는 소독약과 연고가 될 수 있음을 발견해 왔습니다. 방식은 단순합니다. 마음의 상처가 발생한 일에 대해 20분 정도 담담히 기술해 보세요. 잘 모르겠으면, 사건의 발단부터 시간적인 순서로 기술하면 됩니다. 시간을 거슬러 올라가는 순서로 기술해도 좋습니다. 제3자의 관점에서 이 사건을 본다고 생각하면서 기술할 수도 있겠네요. 나와 나에게 상처를 준 인물 주변 인물들을, 다른 가상의 캐릭터(등장인물)에 투사하여 소설을 쓰는 방식으로 써도 좋습니다. 지금 바로 시작해 보세요.

30자
60자
90자
120자
150자
180자
210자
240자
270자
300자
330자
360자
390자
420자
450자
480자
510자
540자
570자
600자
630자
660자
690자
720자
750자
780자
810자

[저자 소개]

이국희 (Lee Gukhee)

1983년에 태어났다. 아동기에는 타자기를 보았고, 초등학교 때는 486컴퓨터를 사용했고, 중학교 때는 데스크탑 컴퓨터에 모뎀을 연결하여 PC통신을 했고, 고등학교 때는 랜선을 연결하여 싸이월드를 했고, 대학교 때는 무선 인터넷이 되는 노트북으로 과제를 했으며, 졸업할 때는 스마트폰을 사용했다. 원래 경제학 전공이었는데, 대학에 입학하던 2002년 노벨 경제학상을 수상한 인지심리학자 다니엘 카네만의 연구에 매료된 나머지 결국 인지심리학으로 박사학위를 받았다. 스티븐 풀의 『리씽크』라는 책을 보다가 떠오른 '오래된 미래'라는 말을 좋아한다. 이 말을 떠올릴 때마다, 과거의 지식을 내 기억으로 만든 사람만이 미래를 개척할 수 있음을 느낀다. 소박한 바람이 있다면, 학교 주변에 라떼가 특히 맛있고, 조용해서 집중적으로 글을 쓸 수 있는 (나만 아는) 커피숍이 있었으면 좋겠다. 현재 경기대학교에서 자기 계발, 인성, 심리학 관련 과목을 가르치고 있지만, 실상은 여전히 배우는 자이며, 앞으로도 배우며 살 것이다.

행복 워크북

2024년 2월 5일 1판 1쇄 인쇄
2024년 2월 15일 1판 1쇄 발행

지은이 • 이국희
펴낸이 • 김진환
펴낸곳 • ㈜ 학지사
04031 서울특별시 마포구 양화로 15길 20 마인드월드빌딩
대 표 전 화 • 02)330-5114　　팩스 • 02)324-2345
등 록 번 호 • 제313-2006-000265호

홈 페 이 지 • http://www.hakjisa.co.kr
인스타그램 • https://www.instagram.com/hakjisabook

ISBN 978-89-997-3064-1 93370

정가 6,000원

저자와의 협약으로 인지는 생략합니다.
파본은 구입처에서 교환해 드립니다.